文房之美·墨

# 墨客列傳

黄台阳 / 著

海南出版社
HAINAN PUBLISHING HOUSE

**程正路制与韩荆州书墨**

正面楷书"白闻天下谈士相聚而言曰生不用封万户侯但愿一识韩荆州何令人之景慕一至于此";背面镂郊野游人图,涂金。墨两侧分写"康熙乙亥""程正路造"。直径10厘米,厚1.6厘米,重144克。

## 憩棠方伯研赏墨

覆瓦形，正面墨名，背面底饰祥
云及五蝠，上写"贡烟"，下印
"十万杵"，侧写"徽州胡开文制"。
长宽厚13.7×4.2×1.3厘米，重
90克。

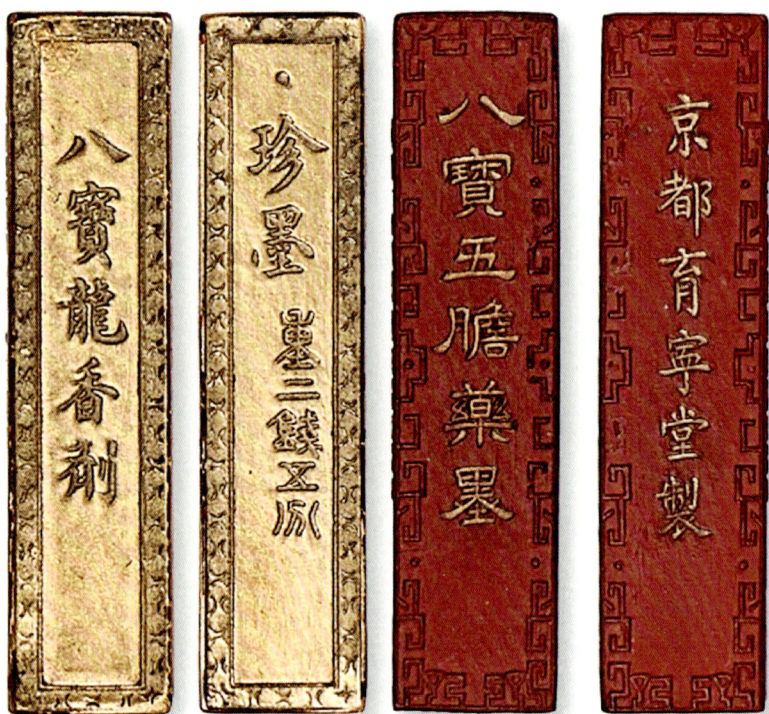

八宝龙香剂、八宝五胆药墨

左墨长宽厚 8.4×2×0.85，重 52 克；右墨长宽厚 8.1×2×0.9 厘米，重 54 克。

**文人自制精美墨**

左上为乾隆年间王昶委托吴胜友制的"三泖渔庄松烟神品墨"，右上为光绪年间浔阳郎侯氏委由曹素功端友氏制的"雨亭清赏：西湖景墨"，下为同治年间尹耕云委由胡子卿制的"心白日斋藏墨"。

李鸿章墨

正面写"大学是一等肃毅伯 李鸿彰监制",背绘兰草,侧边写"岩镇曹氏十一世孙监定",顶写"苑香室"。长宽厚9.8×7×1厘米,重40克。

**封爵铭·小崧年伯著书之墨**

左墨正面写"封爵铭",下注记"胡开文法制";背面写"小崧年伯著书之墨"。右墨于册命图案下加誓词,背面写"同治壬申年孟春制":长宽厚 9.8×2.3×0.9 厘米,重 45 克。

### 御赐清德堂墨

正面双龙拱"御赐",下题"清德堂";另一面写"绵津山人鉴赏",下篆书"珍玩"印;顶写"五石顶烟"。上墨长宽厚9.3×2.4×1厘米,重36克;下墨长宽厚13.5×3.6×1.8厘米,重112克。

王拯重造乾隆御墨

正面镂双螭拱"乾隆御墨",背书"同治四年敬谨重造",下"王""拯"印。小墨侧凹槽内写"太素斋法制",长宽厚 10×2.4×1 厘米,重 38 克;大墨侧写"徽州胡开文制"。长宽厚 14×4×1.4 厘米重 126 克。

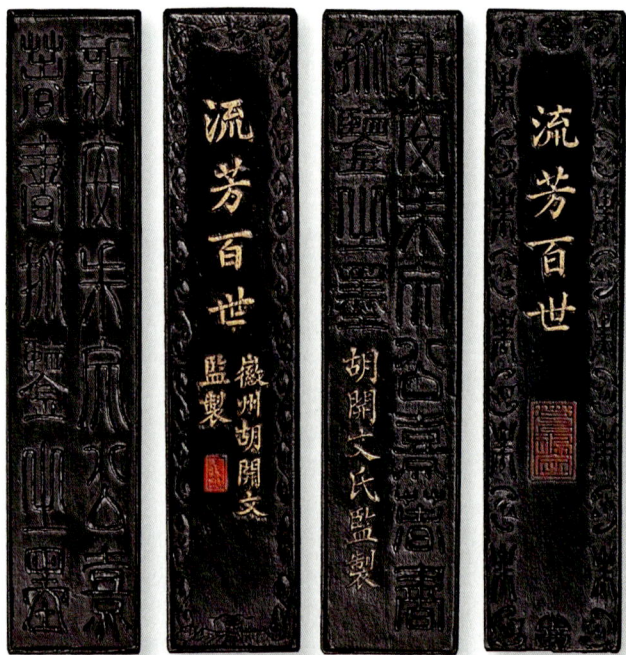

## 朱子著书批鉴之墨

左上墨一面写"流芳百世",下有"徽州胡开文 监制"及"义记"长印（是胡开文分店－义记出品）；另面写"新安朱文公熹著书批鉴之墨",边框饰云纹。长宽厚12.7×2.7×1.1厘米,重58克。

右上墨与左上墨相近,唯"流芳百世"下长印写"苍佩室","胡开文氏监制"移至背面,使其他字变短,边框饰以寿字。

下墨一面写"仿宋徽国文公朱子著书批鉴之墨",另面"流芳百世"下"御"字；侧写"徽歙曹素功正千氏监制",顶有"五石顶烟"。长宽厚9.3×2.2×1.1厘米,重34克。

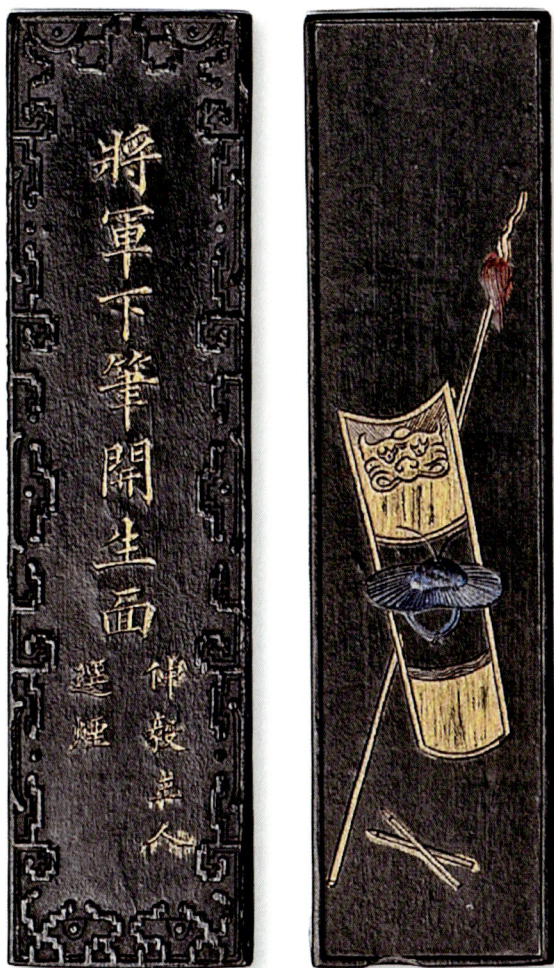

将军下笔开生面
选烟
仲毅主人

朱夫子读书乐（冬）墨

正面写墨名，小字"木落水尽千岩枯迥……"56字，方印"开""文"；背镂学子读书，左上"冬"字；侧写"光绪十年苍佩室按易水法制"。长宽厚12.9×2.8×1厘米，重56克。

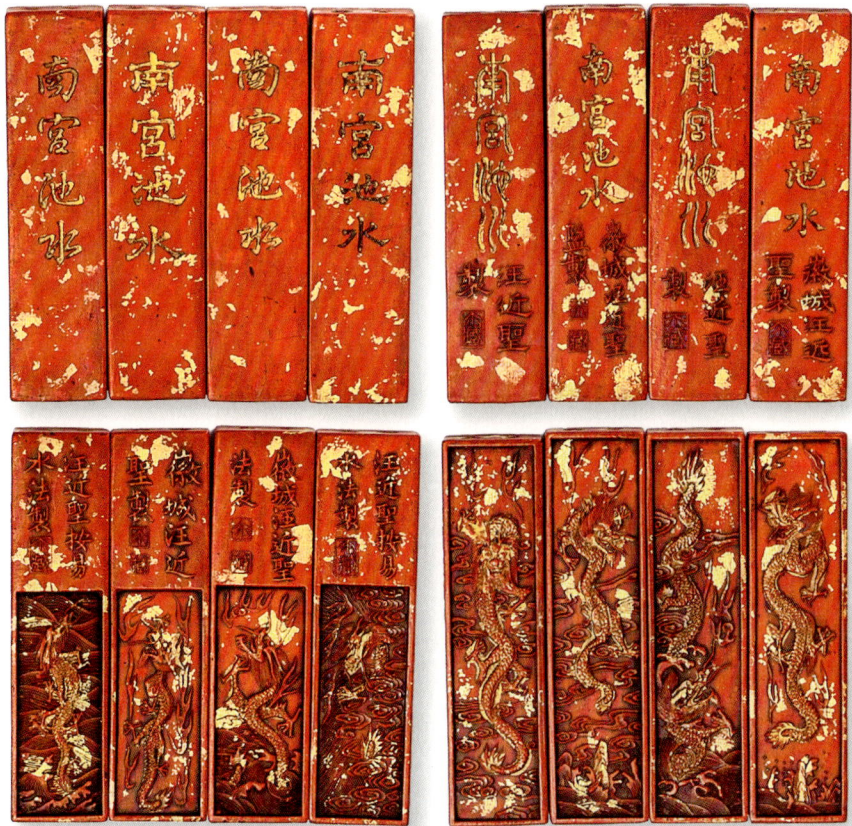

汪近圣制南宫池水朱砂套墨

左一到左四为一类，上写"徽城汪近圣法制"或"汪近圣按易水法制"，下镌背景及姿态各异的四爪神龙，另面描金写"南宫池水"。右一到右四为另一类。四锭的一面有细框，内镌全幅背景和形态互异的飞龙，另面描金"南宫池水"，写法各异，下款落"徽城汪近圣制"或"汪近圣制"。

长宽厚7.8×2×1厘米，重62克。

## 仿叶玄卿造兰亭后序墨

正面额珠下，大八边形凹面内写
"后序孙绰古人以水喻情有旨哉……"
共206字，后小字写"唐临绢本"，
圆印"玄"、方印"卿"字。侧写
"万历甲子年叶玄卿按易水灋制"。
直径16厘米，厚3厘米，重768克。

# 推荐序
*Recommendation*

如果说最近几年，在收藏市场上有哪一样藏品的的身价不断升温，收藏家们对哪一类藏品的热情此消彼长，墨必然是其中一员。2015 年，清乾隆的一套十方"龙香"御墨拍出 822 万元人民币的高价，正说明无论在收藏市场还是文化界，对墨的认识都比以前更加深入。

文房四宝中，墨是最低调的，同时也是最具中国特色、最有文人韵味的一宝。这几年市场对墨的价值挖掘也在回归传统，因为这类传统工艺制作的上等古墨未来肯定会越来越少。现在流通到拍卖市场上的墨砚，多数已经被当成收藏品，而不是一般的文房使用材料。不了解的墨的人，可能会认为墨都是黑漆漆的一块，不成特色也没有体系；殊不知上好的墨不仅精美得可以用来收藏，更是古时侯人们用来礼尚往来、文化交流、赠予师长的最佳选择。

然而，虽然墨在收藏市场上的身价飙升，国内却没有一本通俗易懂、图片丰富的书来介绍墨和墨背后的历史。黄台阳的这本《墨客列传》的出现填补了这一空白。比《蓄墨小言》更通俗易懂，辅以大量精美的图片，有极高阅读、收藏的双重价值。对爱好者来说，学会分辨墨的优劣、品相固然重要，然而在鉴赏之前，了解墨的历史，才是鉴赏墨的第一步。墨的历史也是一部中国文化史、艺术史。作为重要的书写用品，墨和历代的文人骚客都有着密不可分的关系。

黄先生在楔子一章先将墨的功用划分为五个层面，分别是赏玩、教化、送礼、纪念和治病，全面地讲解了墨的不同用途，以及不同的墨背后的故事和含义。让读者对墨产生了初步了解及兴趣。在之后的篇幅里，他将墨和墨背后的文人们联系在一起，探寻名墨的历史。追念奇男子胡传的铜柱墨讲述了动荡的二三十年代的收藏轶事，听竹轩联句墨、兰亭高会御墨等展现了墨和中国古典文学千丝万缕的联系，清代文人自制墨又从侧面展现了清末时期社会的建设与转折，皇帝什么时候会赐墨、赐墨又有什么寓意，在这本书里也有生动的描写。黄先生的博学不仅表现在对墨宝广泛的认识，还体现在通晓古诗词、古代思想和明清历史等方面。最后，他还用非常简单易懂的话语，教读者通过中医的"望、闻、问、切"的手法，来区分墨的年份、类别还有价值。整本书写得通透、有趣，配以黄先生收集的精美古墨图，相信即使是之前不了解墨的人，在看完《墨客列传》以后，也会对墨产生极大的兴趣！

最后，我很期待黄先生的下一部著作，也期待国内能有更多的人因此而关注墨，了解墨，欣赏墨。

雅昌艺术图书总经理　刘志国

2017 年 3 月

# 目 录
*Contents*

# 自序
## Preface

　　没想到会跟"近朱者赤近墨者黑"的墨结上缘。

　　那年夏天，距需要用墨的学生时代已有四十年。经过旧金山路边的艺品店时，无意中看到有四、五锭墨（或称墨条），各约半张A4纸大。上面刻绘不同的民俗主题如：女娲补天、八仙献寿、刘海戏金蟾等，显然跟学生时用的墨不同类。基于怀旧，价格也合理，就顺手买下。回家后摆在书架底层，没太当回事。之后陆续在金山老街、莺歌、光华商场、台北玉市等地又买了不少，都同样处理。就像在办公室，把文件归档了事一样。

　　二〇〇八年时身体出状况，为了保命，迅速退出职场。手术和化疗过后，整个人总是无精打采，做不了什么要动脑的事。无聊之余，想起堆积的墨该拿出来整理整理，没事找事做，为消磨时间，于是展开我的玩墨生涯。

　　说是玩墨，一点也不为过。因为那时已买的墨，从收藏的角度来看，并不值钱，没有收藏价值。但不知情的我，仍一头栽进去，看到大一点的、主题有趣的、色彩缤纷的，就以为遇见宝，不太还价就买下来。

　　所幸这种盲目的收集，持续一段时间后，就被我信息科技学历背景给矫正了过来。因为开始为所收集的墨进行登录、分类、排序、批注时，无可避免会开始查阅书籍和网络搜寻，于是发现我错过了真正引人入胜的赏玩墨、文人订制墨、贡墨、御墨、纪念墨、集锦套墨等等。于是我赶快调整方向，扩大收集内容，重新出发。除了前面提过的买墨的地方，国内外的拍卖网站也出现过我的身影。

曾经透过网络去美国的古董拍卖会，竞标乾隆朝的御墨——直径约十厘米的圆墨，连同投标的附加费、手续费、处理运费等，我已出价到总价超过两千美元了！但竞标的对手依然沉着跟进，毫不手软，逼得我只好认输。也曾在光华商场和玉市见到很少见的好墨，但因索价太高，一时舍不得，没想到第二天捧着银子去时，已被人捷足先登。我只能后悔地在摊商旁徘徊懊恼，做白日梦想让他再变一锭出来。

两年半前，为了对自己花了不少钱在墨上这件事，向家人有个交代，我开始提笔把关注墨时所做的研究和发现写下来。再一次，我的科技背景发挥作用，让我采取与其他同好有不同的写法，那就是不仅专注单锭墨的描述，更要探索墨与墨之间的关联，以及它们的人文意涵。从这个角度，许多墨的形象更加鲜明有趣，漆黑的外表下隐隐泛出迷人的幽光。

譬如说巡台御史钱琦的听竹轩联句墨。它简洁朴素的外观，掩不住钱琦与方密庵的师生情谊，引出袁枚、金农、邓石如、丁敬等大艺术家与他们的联句唱和，藏着早期台湾的地名、风俗民情，以及大甲溪流域几座七将军庙的来龙去脉。这锭墨，是从美国古董行拍卖所得，也是我经常随身把玩的珍品。

再如吴大澂的铜柱墨，本身已够引人入胜。但细究它的来龙去脉，胡适的父亲胡传跃然纸上，随之浮现张爱玲的祖父张佩纶，最后是胡适和张爱玲在纽约的会面，前后横跨七十年。因墨搭桥，得以上下古今，把两代有缘千里来相会的事发掘出来，看来墨里乾坤大啊！

书中的墨，除了特别说明出处，都是我个人的收藏。前几年，瑞典汉学家林西莉（Cecilia Lindqvist）有本畅销书《古琴》，把久已束诸高阁的古琴，重新带回中国。我私下企盼，这本谈墨的书也能"东施效颦"，激发大家对墨的共鸣。进而思索如何从文创的角度，重新包装墨、赋予它新的生命，让它成为办公室和居家的新宠。也让现今倍感压力的人生，能在墨艺的陪伴下，另开一扇舒缓的门窗。

　　常言道："近墨者黑。"然而与墨结缘，却有可能黑得发亮，更有可能黑得像黑珍珠般尚青。

二〇一六年三月二十一日

黄台阳

# 楔子
## Wedge

# 揭开墨的漆黑面纱

墨汁和墨锭，都是供写毛笔字用。但后者需要磨，还得准备水和砚台，很不方便。

然而两者的身价却大不相同。你听过有人在收藏墨汁吗？听过墨汁在古董拍卖会上飙出天价吗？

墨就有！海峡两岸的故宫博物院都藏墨超过万锭，而二○○七年在大陆某个拍卖会上，有锭直径才 8.8 厘米的清朝乾隆"御制咏墨诗"圆墨，成交价高达人民币 128.8 万元，简直吓死人！

一块墨，怎么会那么昂贵、值钱？记得学生时代用的墨，黑黑的、不起眼，还带点怪味。除了上书法课不得已，没有人要接近它。只在要捉弄女生，或想报复喜欢为难人的老师时，才想到墨的好处，偷偷甩些墨汁到他们身上。

对墨的刻板印象，其实缘自当时所接触到的都是廉价的学生墨。墨肆（即制墨的作坊）很早就有市场区隔的概念，知道学生买不起好墨，练书法也不需要好墨，当然质量差些又带怪味。不过好歹学生是国家未来的主人翁，也算知识分子，墨上面还有些励志的词，如"胸有成竹""龙门""金不换"等，聊供装饰。

至于卖给商家记账用的墨，质量往往更差。它做成圆棒形状，上面什么装饰都没有。顶多在一端打个洞，好穿条细绳子从梁上悬挂垂着。这样，要磨墨时拉下来，不用时挂上去，不占桌面不用收拾，还真方便。

现在古董市场里快速升温的，当然不是这两类墨。在超过三千年的用墨历史里（甲骨文的出土文物上，就已有用墨写的字），墨的质量和形态不断演进，和用墨人的关系越来越亲切，墨上的文字和雕饰也日益精美。而墨的用途，也随着这些变化，更多采多姿，增添了墨的收藏价值。只是这一切，往往在墨的层层漆黑面纱下，被人漠视忽略！

虽然如今几乎没有人用墨了，但在钢笔、原子笔及打字机、计算机普及前，墨在中国文人生活中扮演非常重要的角色。除了供书法绘画，也被拿来欣赏把玩，同时兼具送礼、教化的功用，甚至有人在墨上记录自己的事迹或游记，使得墨可用来记事与纪念。在媒体还不发达的 1912 年，纪念墨还被当成一种小众宣传工具，难以想象吧！最令人惊叹的是，墨竟然被做成药，具有疗效，如果是你，你敢吃吗？

## ● 赏玩

就像现代人流行带些公仔、吊饰一样，古代人也喜欢弄些玉佩、牙雕之类的随时把玩。墨，因为它与文人固有的亲密关系，以及在制造过程中的可塑性，也被精心制成文玩，广受欢迎。

看看这锭砚台造型的墨（图一），约三分之二张名片大，正面上方雕饰莲叶竹叶，背面雕绘出部分重叠的两张荷叶，枝叶纹理分明；小巧玲珑十分讨喜。加上墨身涂漆光滑乌溜，把玩搓摩手也不脏，难怪康熙年

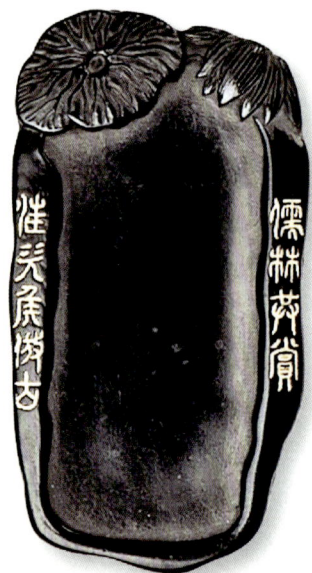

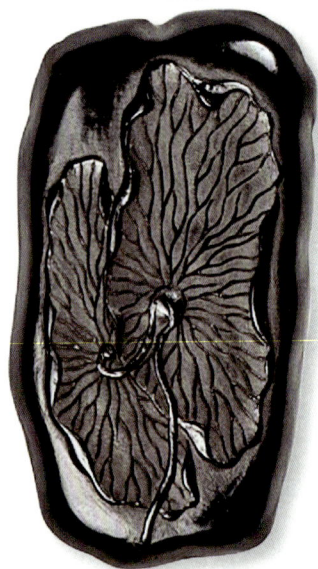

图一 汪次侯制"儒林共赏"荷叶形砚墨

两侧边框分写"儒林共赏""汪次侯仿古",长宽厚 7.6×4×0.8 厘米,重 28 克。

间徽州制墨家汪次侯有自信地命名它为"儒林共赏",相信文人都会喜爱赏玩。

喜欢的东西一上手,往往就停不下来,会一直想拥有类似的东西。这种心理,古今中外都一样,因此汪次侯的"儒林共赏"墨,还有九锭集成一套(就像现代人玩的玩具也往往成套),猜测每锭所仿的器物都不一样。这样的套墨称为"集锦墨",明朝嘉靖年间从安徽省徽州的制墨(称为徽墨)所兴起,并在清朝大行其道。

有套集锦墨极负盛名,是清嘉庆年间由徽州胡开文制作的御园图(又叫铭园图)墨,共六十四锭。每锭雕绘上北京故宫、北海、中南海、圆明园等处皇家宫室、园林中的建筑。由于造型各自不同,有像古琴、钟鼎、铜镜等的,图样清晰、雕刻精巧、用料讲究,给人美好的感受。

## 🔴 二 教化

集锦墨里并不是每锭的造型都要不同。像另一位徽州制墨家汪近圣在乾隆年间制的"御制耕织图诗墨"(部分如图二),除了第一锭外,其他四十六锭大小相同。它是以康熙吟咏耕种和纺织过程的诗为主题,各有二十三锭,配以相对应的图所制。像是耕种主题的"耕、插秧、二耘、收割、登场";以及纺织主题的"蚕蛾、采桑、择茧、络丝、织"等,充分表露康熙殷切希望男耕女织务本的心态,也让墨升华成为教化工具。有意思吧!

既然墨可以做成任何形状,上面的雕绘可以多彩多姿,于是有心人想到,何不从送礼的角度思考,扩大墨的应用市场?

# 三 送礼

这一招非常成功！中国人自古以来就重视礼节，而最好的表达方式，显然是送上一份礼物。若能把墨做成切合时机的礼品，既不俗气，又能摆放长久，只要价格合理，绝对有市场。

于是各式各样礼品墨纷纷出现。其中广受市场欢迎的，是祝贺生日快乐的"祝寿墨"。墨上的题材有寿桃、南极仙翁、福禄寿喜（图三，方柱型，清代徽墨名家汪节庵制）等。变化之多，不输现代生日蛋糕上的巧思奇想。另如送人婚礼的"百子""凤九雏"墨，以及祝贺学子在科举路上顺利的手卷墨、应试墨等，都很畅销。祝寿和婚礼墨上往往涂金敷彩、光鲜亮丽，人物图绘文辞，也都拙朴可爱且寓意吉祥。然而因不是拿来书写，所用的原料会差些。

不只是老百姓，官员也喜欢用墨来送礼，尤其是在徽州当官的。一方面因制墨的归他管辖，用成本价就能拿到好墨；另一方面可凸显他的风雅清高。再来，可顺便推销当地土产，何乐而不为？送礼的对象，自然以官僚集团的成员为主，甚至像总督巡抚级的高官，还送墨给皇上（称为贡墨），其用意就不言而喻了。皇帝也有大内制的御墨，供自用或赏赐臣下用。送给上级长官的墨有个特征：墨面有对方的官衔。如"憩棠方伯研赏"墨（图四），呈覆瓦型，是送给道光年间担任安徽布政使（俗称方伯，等同副省长）的程楙采（憩棠）的墨。

上级长官要巴结，同年级的也不能怠慢。尤其在路经他们地盘，得去礼貌拜会时，手信绝对少不了！对于一些清廉自守的官员而言，重礼送不起，这份手信往往是自己的诗文，再搭配自己订制的墨。以文会友，笔墨结缘，惠而不费。这类墨不会有受礼者的名称，而是写上"某某赠"。同治年间苏州出的状元洪钧（原籍徽州），就订制有这样的墨（图五）。

图二　汪近圣制御制耕织图诗墨

图三　汪节庵制福禄寿喜墨

长宽厚 23×4.7×4.5 厘米，重 804 克。

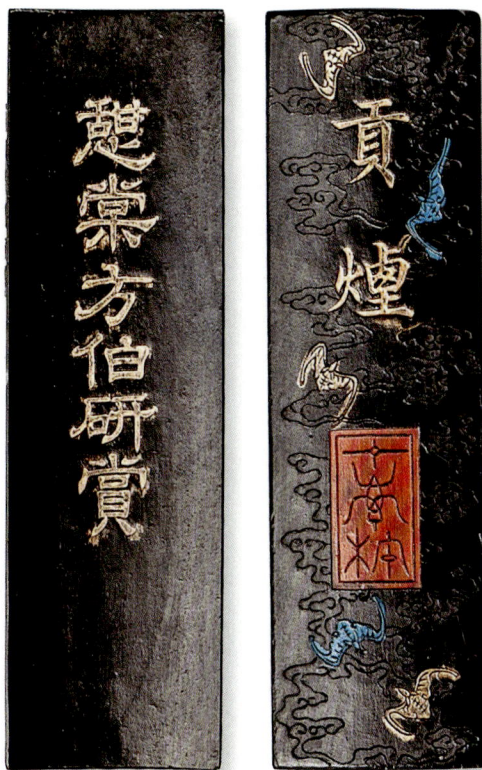

图四　憩棠方伯研赏墨

覆瓦形，正面墨名，背面底饰祥云及五蝠，上写"贡烟"，下印"十万杵"，侧写"徽州胡开文制"。
长宽厚 13.7×4.2×1.3 厘米，重 90 克。

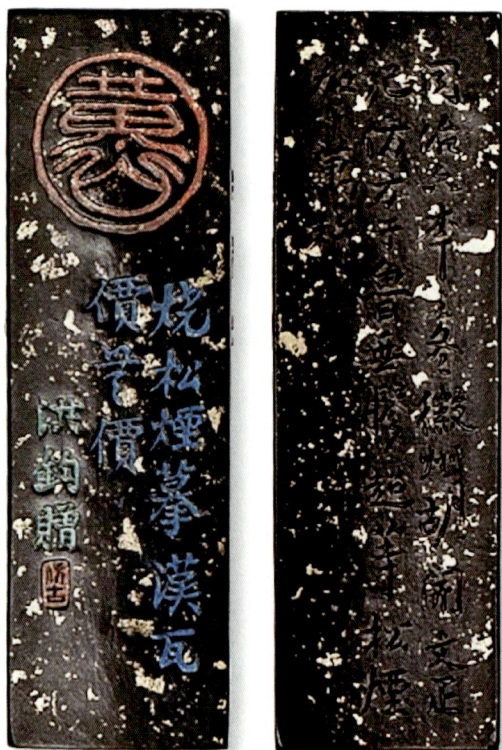

图五　洪钧墨

覆瓦形，洒金，上方圆圈内红字"黄山"，下蓝字写"烧松烟摹汉瓦价无价洪钧赠"，背面行草写"同治六年之冬徽州胡开文正记仿方于鲁无胶超等松烟加十万杵"。长宽厚 8.5×2.6×0.8 厘米，重 28 克。

说到状元爷洪钧，即使对他不熟，也该听说过他的妾。因为这位小老婆比他名气更大，乃是在他死后进入特种行业的名妓赛金花。据说八国联军打进北京时，慈禧太后西逃，城内无主。多亏赛金花因曾随洪钧出使德国，与八国联军统帅的德国将军瓦德西是旧识，有点交情，从而发挥一些影响力，打通了一些关系。

## 四 记事、纪念

当然，对别人好时也不能亏待自己。有些人好读书写字，他们订制来自用和欣赏的墨，质量上好，上面的字大都是自己的书法，常常也顺便简述胸怀。这些墨即使没有华丽装饰，但却流露出谦冲有礼、雍容大度的气息。如乾隆朝的刘墉（罗锅）、道光朝的陶澍、力战太平天国的湘军儒将彭玉麟（字雪琴）自制的墨，都是如此。而端详彭玉麟的墨（图六），是不是能感受到它所流露出的孤芳自赏？

有的人还进一步引申，把自己的事迹，与朋友的应酬、出游等，刻写在墨上。让墨变成有记事、甚至纪念的功能。在世界画坛上与毕加索齐名的国画家张大千，就有一锭"云海归来"墨（图七），记录他于一九三一年秋天与兄长及弟子到黄山游览写生的事。

清朝末年，随着文人订制墨的风潮兴起，墨肆也敞开心胸，开始与知名的书画家合作，用他们的创作当墨上面的主题。其实这是回归传统，因为在明朝晚年，徽州制墨宗师程君房和方于鲁，就已与画家合作，绘制出许多精彩的墨样图。但进入清朝后，可能因文字狱的影响，墨肆趋向保守，所制墨的题材大多局限在园林风景、古事古物与民俗吉祥等，与现实脱节。

直到晚清太平天国之乱后，有些墨肆到上海建立据点，在繁华的工商环境影响下，思想趋向开放；再加上汉人督抚势力大增，墨肆的顾忌变小，

图六　彭玉麟墨

正面"吟香外史雪琴家藏"，背面绘梅花并题字"一生知己是梅花"。

长宽厚16.2×3.7×1.5厘米，重122克。

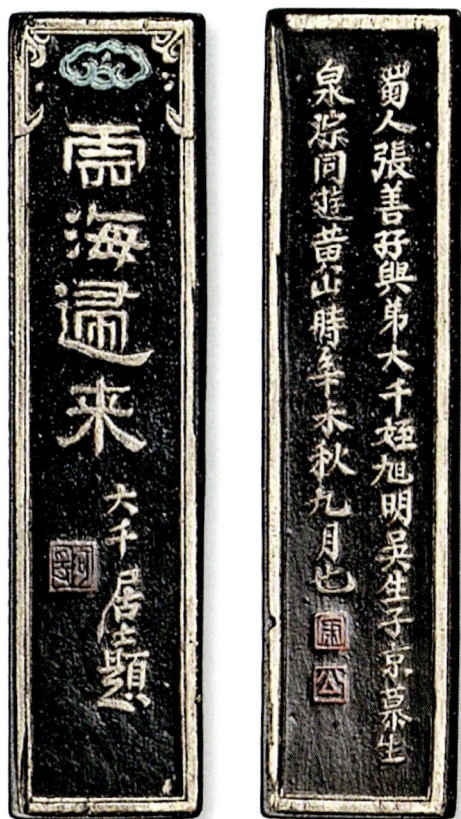

图七　张大千墨

正面写"云海归来大千居士题",背面写"蜀人张善孖与弟大千侄旭明吴生子京慕生泉淙同游黄山时辛未秋九月也"。长宽厚 9.7×2.4×0.85 厘米,重 30 克。

才纷纷与上海的书画家如吴昌硕、任伯年、钱慧安等合作，制出许多题材新颖的墨，称为"海派徽墨"。看看这锭在光绪四年（一八七八年），由清朝最有名的曹素功墨肆制作，采用任伯年所画的螺丝精为主题的墨（图八），在大螺丝里有位美女，伸只手捧颗大明珠，背面附上首奇幻的诗，有趣又颠覆传统。

# 五 治病

墨还有个出乎一般人想象的功能，那就是治病。古人想到墨是居家生活和出门在外赶考、访友、游山玩水时的必备品，而生活中又免不了风霜雨露、疾病伤痛，于是他们鼓励制墨业摸索并赋予墨另一项功能，就是当药来使用，竟然美梦成真。

清末民初，市面上有不少号称可以治疗无名肿毒、鼻出血、肠胃溃疡、小儿惊风、神智昏沉等不同病症的药墨。除了北京同仁堂有产制外，咸丰九年在苏州的曹素功墨肆分支有款"八宝龙香剂"，光绪年间北京的京都育宁堂也有款"八宝五胆药墨"（图九）。八宝中配有牛黄、沉香、犀角、麝香、琥珀、珍珠、冰片、金箔等成分；五胆则是用猪胆、熊胆、蛇胆、鱼胆及虎胆。使用时先磨墨成汁，再涂墨汁到外伤上，或和温水喝下。

以现代眼光来看，其中一些原料匪夷所思，然而这些药墨在当年还真拥有不少市场！只是药墨的主原料，该是燃烧松树干后所得的烟粉（称为松烟）才行。图九里右锭以朱砂为主原料的八宝五胆药墨，应是后人用原来的墨模，便宜行事所制，里面不晓得是不是真有八宝和五胆。

墨的漆黑面纱，一层层被揭开。次第浮现出：墨模雕刻工艺、书法彩绘、人文寄情、名人轶事、奇幻创意、实用变化等。尤其是从许多文人自制墨上面，还可追溯出当时的际遇和他们的心境，可供赞赏、惋惜、联想，

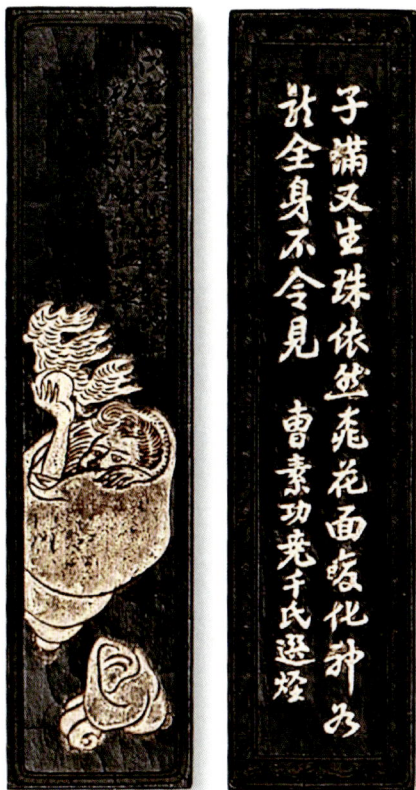

图八　任伯年绘螺丝精墨

正面绘螺丝精图，背面赋诗"子满又生珠依然桃花面变化神如龙全身不令见曹素功尧千氏选烟"。

长宽厚10×2.4×1厘米，重38克。

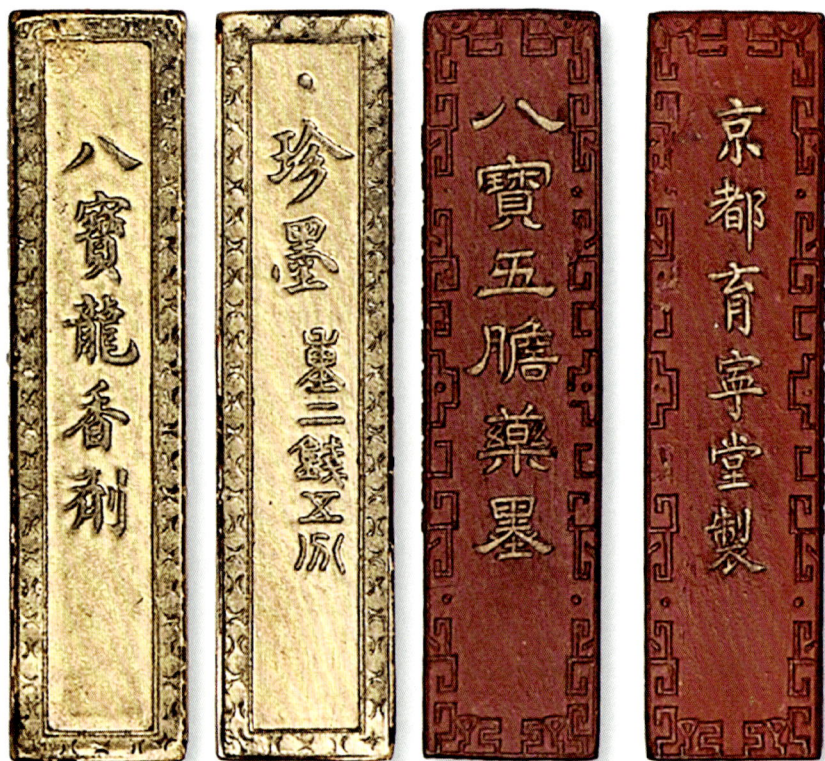

图九　八宝龙香剂、八宝五胆药墨

左墨长宽厚 8.4×2×0.85，重 52 克；

右墨长宽厚 8.1×2×0.9 厘米，重 54 克。

甚至启发。墨默无言，却无碍展现它的深蕴内涵。

要知道，古时候知识分子所面对的压力，绝不比现代人低。试想现代知识分子从政，做不好大不了被解职，连退休金都不一定会损失；但看看林则徐，鸦片战争他在广东没输给英军，却被流放到新疆，谁比较惨？所以那时候的墨，作为文人随身必备品，自然成为发抒情感的对象之一，也因此造就不少墨的传奇。

透过墨的故事，我们可以一窥前人的文雅与风流；了解他们的理想和抱负；看见他们的得意与失落，与他们千年同一叹。若想亲睹古法制墨，新北市三重有一位台湾仅存的制墨艺师陈嘉德，仍以数十年至上百年的老墨模做出一锭锭手工墨，他的墨值得肯定、鼓励与珍惜。

## 第一章

# 铜柱墨与胡传

## ——追念

*1*
*Chapter*

清朝末年，有类墨异军突起，为有千年传统的制墨业注入新血。从此，墨的主题不再限于传统的歌功颂德唱和、文人自我标榜、祈求福禄寿喜、怀古博物山水等，而是与时势大局相结合，或为昭告世人、响应人心，或为推广新观念、鼓吹造势。这就是所谓的"纪念墨"。

　　这类墨的出现，当然和清廷腐败、列强横行有关。有识之士认为必须设法唤起人心，只是当时的报刊和杂志还不普遍，因此文人书画必用的墨，就被有心人用来当作小众宣传的媒体，纪念墨应运而生。

## ● 民国时期的纪念墨

　　同一主题，出现最多的纪念墨，应该是跟辛亥革命及民国成立有关。在李正平的《明清古墨研赏》书里，列出四锭墨，都是这主题，制墨者是徽州的胡开文。其中三锭长方形的墨（类似图一）上有四句题词："胡越一家／开我民国／文德武功／造此幸福"。以藏头诗的手法，把"胡开文造"四个字嵌入每句之首。另外有锭圆形墨，正面上端有"中华民国开国纪念墨"九个大字，下面画上革命军和临时政府旗帜交叉的图案；背面则有"大总统誓词"全文共九十个小字，及孙中山的签名"孙文"和印章，非常庄严，深具纪念意义。

　　此外在孙中山逝世时，也有墨肆制墨来纪念他。曾见过一锭墨，正面以稻穗拱写"中山墨"，下方则是交叉的旗子和国民党党旗；反面刻写"孙总理遗嘱"和遗嘱全文共一百四十五字。由此可见当时老百姓对他的追思爱戴。

　　再看一锭较小的"抗战胜利"纪念墨（图二），两面有相同的边框纹饰，是纪念于一九四五年九月三日在南京所举行的日本投降的日子。只是它既没有像样的设计，又欠缺美感，不免让它的纪念性大打折扣。然

图一　辛亥革命纪念墨

正面上方有交叉之五族共和旗帜，背面镂阅兵图。

长宽厚 21.8×6.8×2 厘米，重 470 克。

图二 抗战胜利墨

墨名下方写"徽州文光堂监制",背面写"一九四五九三纪念",侧边和顶端分题"徽州文光堂监制"及
"文新氏",长宽厚 8×2.3×1.1 厘米,重 40 克。

而抗战胜利是中华民族在清朝积弱后的首件大事，为什么这锭墨会如此低调？

　　一个可能原因是，制墨的徽州文光堂规模不大，这种小墨肆没能力制作精心设计富丽堂皇的墨。另外，也可能在那时整个制墨业受到战乱和墨汁和钢笔日渐衰退的影响，已经饱受折磨。大墨肆如曹素功、胡开文和他们的分店，不是收摊就是缩小或暂停营业，没有心力开模制作好的纪念墨。

　　很难说最早的纪念墨在何时出现。如明朝制墨大师程君房的"甲午解元墨"和"乙未会元墨"，标记了年代和科举考试，算不算纪念墨？但有锭墨，大家都公认它纪念性十足，并且几乎在所有谈墨的书里都提到的，就是下面要谈的"铜柱墨"，我们还要探讨制造出它的隐身推手——胡传。

## 二　铜柱墨

　　铜柱墨，顾名思义是因铜柱而来。这根铜柱怎么来的？有什么特别意义？先来看图三里的墨。

　　这锭墨的两面都是篆书，一面写"铜柱"两个大字，另一面五十八字的大意是说：在清朝光绪十二年（公元一八八六年），当时担任都察院左副都御史的吴大澂，和担任珲春副都统（今吉林省珲春市一带的军政副首长）的依克唐阿，奉光绪皇帝之命，与帝俄会商勘定两国边界。事后在边界竖立这铜柱，上面刻有铭文：疆域有共国有维，此柱可立不可移（即：在国土的交界，立此铜柱，不可以移开）。

　　据说帝俄之前曾把两国的界碑，驮在马背上移入中国境内上百里，意图蚕食。因此吴大澂和依克唐阿这次画定边界后，除立界碑外，特别增设铜柱，深深插进土里，以防日后轻易又被移走。他二人这次与俄国谈判，在国势积弱、列强横行的情况下，本来难为。所幸事前准备充分，又能不畏强权据理力争，因此达成使命。不但收回了被俄霸占的黑河子地方百余里土地，并且争得中国船只在图们江口的航行权，使得珲春成为中国唯一可出入日本海的港口，意义十分重大。

主角之一的依克唐阿出身清朝镶黄旗，骁勇善战且有智慧，因此在汉人吴大澂奉派来与俄国谈判时，能多方配合，达成使命。一八九四年中日甲午战争爆发，依克唐阿虽勇猛接战，但因整体战力悬殊，惨败后一度丢官。好在战后检讨他的责任不大，于是复职并升任盛京将军，可说是当时在东北最高的军事首长。盛京就是现在的沈阳，是清朝进入山海关前的首都。

另一主角吴大澂是江苏吴县（现江苏苏州）人，他的书法和文字学颇受称赞，尤其是他的篆书。他当官也有政绩，不是个只会空谈的书生。他在同治七年（公元一八六八年）进士及第后，曾被派到陕西甘肃任职，参与左宗棠在新疆对俄用兵，因此当清廷面对东北被俄进逼时，就顺理成章派他前往。

吴大澂第一次到东北，是公元一八八〇到一八八三年间，他会同当地官员整顿加强对俄边防，募兵训练创建了靖边军和图们江、松花江的水师营，又修筑炮台和各地对外联络道路、移民垦荒、设吉林机器局以制造军械等，绩效显著，后因中法战争爆发而被调离。一八八五年他第二次奉派到吉林，身份转为"吉林边防帮办暨中俄东界重勘全权勘界大臣"，在与俄国对手反复折冲后，签下《中俄珲春东界约》，竖立许多界碑和上面提到的铜柱。

甲午战争爆发后，他从湖南巡抚任上主动请命率湘军赴战场，壮志可嘉。但他却完全不知，日本军力已经提升到列强水平。惨败之余自杀不成，被清廷革职。由于是汉人，没能像依克唐阿一样随后复出，老年好像还得靠卖字画来挣点钱用。从他一八九一年治理黄河时，所监制的以古砖文书写墨名的墨（图四），连同前面铜柱墨上的篆字，可看出他在文字学上的不凡功力。

吴大澂与俄国签的条约，在清朝末年，是少数没有丧权辱国的条约。成功因素很多，但其中一向被忽略的，是他有位很好的幕僚，事前能不畏艰险，亲自勘定中俄疆界，为他准备详尽的资料，使他在谈判过程中，能一一驳斥俄方的无理主张，保护我们的国土。这位可敬的幕僚，就是本文其次要谈的第二位主角——胡传。他是著名思想家、文学家、哲学家胡适的父亲。

# 三 奇男子胡传

胡传（生于公元一八四一年，卒于一八九五年）是徽州府绩溪县上庄村人，与著名的胡开文墨肆的创始人胡天注同村。他二十岁刚结婚，就遭遇太平天国之乱。有五年之久，徽州人民生活极端困苦，他的原配夫人也遇难而死。乱事平定后，他顺利考取秀才。没想到之后接连五次都没考上举人，这时他年近四十，很多同年后辈都已超过他，实在没面子。好在男儿志在四方，于是打定主意，要到没人认识他的地方去开创前途①。

公元一八八一年，族人帮助他二百银圆。在留下一半安家后，他孤身上路，目的地是当时被视为边疆、在俄国和日本环伺下正值多事之秋的东北。经过北京时通过同乡介绍，请到和吴大澂同属清流、当时在翰林院当官的张佩纶，帮他写封推荐函给当时在东北的吴大澂，随即毅然跨出山海关。他徒步四十二天，共二千八百七十八里路，披风冒雨，饥寒交加，初

---

① 胡传曾赋诗："……仰视飞云天外起，酒酣愁听大风歌。"

图三 铜柱墨

一面写"铜柱",左下写"徽州屯镇老胡开文造";另面写"光绪十二年四月都察院左副都御史 吴大澂珥春副都统依克唐阿奉 命会勘中俄边界既竣事立此铜柱铭曰'疆域有共国有维此柱可立不可移'。"

圆柱长 22 厘米,直径 3.7 厘米,重 316 克。

冬到达黑龙江宁古塔（今黑龙江宁安市，当时是流放罪犯之处）后，吴大澂接见他，慧眼将他纳为师爷。

当时的师爷，是个很奇特的职务。它不是公务员，而是主官的私人特助，帮主官在幕后参谋政务。最主要的刑名师爷和钱谷师爷，分别帮忙办理刑事案件和征税纳粮等。胡传主办的不是这些肥缺，而是得出生入死的苦差事，包括到荒野测量绘制地形、招募流民垦荒、编组保甲御寇、折冲边界谈判。从他留下来的二则记载，就知道他日子有多惊险：其一是他奉令勘查边界时，在原始森林中迷路，三天没粮食吃，幸好想起猎人、采参人的经验，找到山涧顺流而下，才得脱险。[1] 其二是他在当时的五常县（今黑龙江省哈尔滨市下的五常市）当代理县长，遇到马贼来攻，城里人都逃了，但他临危不乱，集结了十三个人对抗，竟然打赢而侥幸逃过一劫。[2]

鉴于胡传的尽心尽力和杰出表现，吴大澂两度保举他当官，先后出任候补知县和上面提到的五常县的代县长。他在东北极北地区待了快五年，直到光绪十二年（公元一八八六年）五月，才因母亲过世而返徽州老家。这时间正是签订边界条约之后的一个月。因此我们相信他返乡时还带有使命，就是为吴大澂订制铜柱墨。而实际的制作，当然就交给当时最负盛名，也是他老乡的徽州老胡开文墨肆。有胡传就近关照，这铜柱墨绝对做得又快又好，气派加上高质量，充分彰显吴大澂想借此留名的心意。

无法得知胡传制作了多少锭铜柱墨，花了多少银子，根据各家记载，有不同款式的铜柱墨出现。如国家博物馆所藏的，体积较小且顶上有"老胡开文广户氏五石顶烟"，显示了另一位制作者：老胡开文广户氏；而藏墨家周绍良在他《蓄墨小言》书里谈到的铜柱墨，虽是写着"徽州屯镇胡开

---

[1] "……光绪癸未（九年，公元一八八三年）正月在宁古塔奉檄，由珊布图河历老松岭，赴珲春与俄罗斯廓米萨尔会勘边界，中途遇大雪，失道误入窝集（指原始森林）中，绝粮三日不死。"

[2] "……乙酉（十一年，公元一八八五年），署五常厅抚民同知，马贼猝来攻城，城人逃散，予以十三人御之，幸胜而不死……"

文造"，但细察背面整篇篆书铭文，却与图三里的有些字形上的差异。这显示出胡传的细心，委托制作的墨肆和墨模都不止一个，避免出错。

胡传的冒险历难生涯，并不因离开东北而终止。在家乡才一年多，又接获已转任广东巡抚的吴大澂的请托，前往海南岛调查土著黎族的互斗。他不改在东北时的吃苦精神，用一个月时间，恐怕是前无古人，横越海南岛的中心蛮荒地带，也因此染患瘴毒差点病死。

之后吴大澂调任山东河南河道总督去整治泛滥的黄河，这种头痛差事依然忘不了胡传，他也欣然前往。事后以"异常出力"得到朝廷褒奖，让他取得比县长更高的省级任用资格（奉旨免补知县，以直隶州知州分省补用）。这下子总算可以衣锦还乡，告慰父老，时年四十九岁。只是以他的胸怀，年龄哪里能限制他？

果然，在前两任妻子都过世的情况下，他梅开三度，讨了个年仅十七岁的新娘。以现代的眼光看，有点不近情理，所幸新娘是自愿的。而且幸亏有这位幼齿新娘，否则两年后就没有胡适的诞生。中国的新文化运动、白话文运动还不知会推迟多久呢！

公元一八九二年三月，小儿子胡适出生还不到半年，胡传又踏上旅途。五十二岁的他，豪情依然不减，离开上海税务机关的肥缺，渡过黑水沟来台湾。那时台湾算是边陲，前任巡抚刘铭传才离任一年，所推行的新政如修铁路、开煤矿石油矿、兴学堂等，大多已被继任巡抚邵友濂废除。

这位来担任全台湾军队总督察长的胡传，一到台湾就马不停蹄，半年时间全台走遍，把岛内含离岛的驻军和防御工事考察一遍。详细分析缺点，写成《全台兵备志》报请上级参考改善，只是上级没当回事，存档结案。之后他被派到台南，担任"盐务总局提调"，这等于局长的安定工作，总算可以把少妻幼子接到台湾来相聚。

意外的是胡适母子到台南才九个月，胡传又被调动，而且是调到当时仍待开发的后山台东去做"台东直隶州知州"，也就是台东县长，先代理后

图四　吴大澂墨

一面写"富贵长宜干戈吉祥"，另面是"光绪辛卯夏午吴大澂监制"，
长宽厚 14×1.8×0.85 厘米，重 32 克。

真除。这可是明升暗降，很可能跟他在台南盐务总局内大肆整顿、革除积弊有关。他虽增加政府税收，但却挡人财路，得罪有力人士！

在台东做县长的胡传，还兼当地的驻军指挥官，威风得很。只是所管辖的两千多个兵，八九成都抽鸦片，毫无战力。胡传又拿出他实干的精神，要大家戒烟，否则就退伍。一阵鸡飞狗跳后，还真让不少兵卒把鸦片给戒了。

然而时不他予，甲午战争爆发，清廷战败，割让台湾岛给日本，并要所有在台官员内渡离台。胡传不甘心认输，一八九五年五月一日把老婆小孩送走后，一个人抗旨留下来想募兵保台，他从台东徒步回台南，衣衫褴褛的去见黑旗军刘永福，要以书生之身参战。但很快因病被送到厦门，同年八月二十二日病死在那儿，结束他五十五岁传奇的一生。

# 四 余音

离开台湾时才三岁半的胡适，于一九五二年十二月借回台讲学之便，到台南和台东他儿时住过的地方寻梦。当时的台东县长特地把台东的光复路改名为铁花路（胡传字铁花），并把鲤鱼山上的原日本忠魂碑改为胡传纪念碑。

现在铁花路成了台东著名的艺文聚落。原创音乐、山地美食、手作商品，加上浓郁的欢乐氛围，让众多的游客背包客流连忘返。只是他们大都不知道胡传是谁，还以为这条路是因古龙小说里的大侠胡铁花而来的吧！

胡传的壮阔一生，与一八八一年张佩纶帮他写介绍信给吴大澂有很大关系。当时张佩纶是清流党的中坚，基于人情写信，与胡传也没见面。之后张佩纶在中法战争里，因督战福州的马尾海战却惨败，次年被革职流放边疆。当时众人都躲他远远的，胡传却雪中送炭，写信安慰并附上二百两银子，张佩纶非常感动，把这事记在日记里。但张、胡两家依然没有来往，没想到事隔七十年，两家的后人却在千里之外异国的纽约碰面了。

那是一九五五年十一月初在美国纽约，张佩纶的孙女张爱玲去拜访胡传的儿子胡适。起因是在上一年底，身处香港的张爱玲把她的新作小说《秧歌》寄给从没见过面的胡适，请胡适看该书是否"稍稍有一点接近'平淡而近自然'的境界"。两人通上信，因此这年十月她到美国后，就去看胡适以便感谢。随后的回访里，胡适得知张爱玲的家世，才向她揭露他们上代的结缘。

一位是名满天下的文学改革先驱兼教育家、思想家；一位享誉文坛的天才女作家，命运的安排是多么奇妙！时至今日，张爱玲的小说仍能跨越时空，受到许多人喜爱，而曾经誉满天下的胡适，却已不再为年轻一代所熟悉。白云苍狗，该说什么呢？

胡传的时代，许多文人都喜欢订制一些载有自己名号的墨，一方面自用，一方面可馈赠亲友或结交同好。胡传在随吴大澂治理黄河后回乡的一段时间，第三次结婚和等候任官时，以他曾代订铜柱墨的经验，有足够的身份和就近之便来订制些可传他名号的墨。但多方寻觅，却未找到任何与他相关者。这对一般地道的徽州文人来讲，该是个遗憾；但对胡传这种奇男子而言，恐怕又是个必然。

至于那深深插入土中、高达 4.15 米、吴大澂眼中神圣不可移的铜柱，还在它原竖立的地方吗？别做梦了，有哪个强权会遵守条约？铜柱被竖立在边界的长岭子山口后，只维持了四年，一八九〇年就被侵入珲春一带的俄军折为两段，当成战利品运到俄国大城伯力的博物馆。如今想要看铜柱墨的真迹铜柱，只有跑趟俄国伯力。胡传若死后有知，定会气得在棺材里翻身！

## 第二章

# 巡台御史钱琦的墨

## ——咏兴

2

*Chapter*

现代脑力工作者的休闲活动琳琅满目，从上网、看电视、读书报、品美食，到观赏艺术展、时尚秀、球赛、郊游、路跑、长泳、出国旅游、追星。即使如此，往往还抱怨日子过得无聊。

古时候的脑力工作者（基本上就是文人），没有科技化的产品，也缺乏快速的交通工具，以现代眼光来看，他们的休闲活动变化不多。不外乎走马章台（逛夜店）、画舫饮宴（类似游艇KTV）、投壶（类似投飞镖）、藏钩（类似猜拳）、登高修禊（郊游野餐）、讲佛论道（闲聊）、琴棋书画、诗词歌赋，大概就这些了！也就这样过了上千年。

# 一 诗词联吟

不过，有项活动是与其他活动交织在一起无所不在的，那就是作诗填词。以前的文人都喜欢即席创作诗词来鼓动气氛，舒心开怀。于是有了李白与岑夫子、丹丘生在一起的《将进酒》，以及苏东坡和朋友游赤壁后的《念奴娇·赤壁怀古》等千古绝唱。

但众人相聚吟唱，若只是各作各的诗词，不免会你弹你的琴，我唱我的调，鸡同鸭讲。于是又想出要有相同主题，要呼应即景，再加上规定韵脚，甚至考验急智的"你出题、我跟进"的联吟联句变化。这一来，现场可就更活泼、更有挑战，也更能激发大家的兴致。

联吟和联句，以前可能都是指联句。但如今，由于读书人几乎没有作诗填词的能力，两者就分道扬镳了。现在的联吟，大致是很多人在一起进行诗词联谊，由创作和吟唱两部分组成。如台北龙山寺龙山吟社、苗栗头份永贞宫各自举办的"诗人联吟大会"，都要求与会者就临时公布的主题，限时即席创作，然后评分给奖。之后或请优胜者吟唱他的作品，或由主办者安排社团来吟唱古人的诗词助兴，甚至现场搭配古典舞蹈的表演。

图一　海上联吟之墨

两面有粗波纹框，正面墨名，背面叙述赵渔叟、徐耳庵、宫澹泉等九人同造此墨，侧边分写"甲寅仲春歙汪节庵造"、"函璞斋珍藏"。长宽厚10.2×3.2×1.2厘米，重62克。

# 二 深具挑战的联句

这锭椭圆形的"海上联吟之墨",是清朝九位文人于甲寅年春天雅集联吟后所制,作为纪念品。"海上"是古名,乃是现在的上海市。他们的联吟,会跟现代的一样吗?

古人的联吟,也称联句,难度较高。它不像现代让大家就同一主题各作各的,然后拿来比较;而是由在座一位长者,先就主题作首句诗后,再由其他人轮流来各作两句,此时的第一句要对接上一位的出句,第二句则要请下一位来对。如此直到每人都轮过一次或多次,再由吟首句的人(或其他指定的人)来收尾结束。

联句时,每个人作的两句诗,既要响应上一位的挑战,又要给下一位出点难题,且无论在主题还是在韵脚上,都要与前搭配。这就无形中考验与会者的诗才、急智,以及对时空环境和其他人背景的掌握,才不会在无意中失言得罪人。

单单这样讲还说不出其中奥妙,让我们来看个实例,古典小说《红楼梦》第五十回里,就有由王熙凤、薛宝钗、林黛玉等十二位才女的联句之作:

> ……凤姐儿想了半日,笑道:"你们别笑话我,我只有一句粗话,剩下的我就不知道了。"众人都笑道:"越是粗话越好,你说了只管干正事去吧。"凤姐儿笑道:"我想下雪必刮北风。昨夜听见了一夜的北风,我有了一句,就是'一夜北风紧',可使得?"众人听了,都相视笑道:"这句虽粗,不见底下的,这正是会作诗的起法,不但好,而且留了多少地步予后人。就是这句为首,稻香老农快写上续下去。"凤姐和李婶娘,平儿又吃了两杯酒,自去了。这里李纨便写了:一夜北风紧,自己联道:开门雪尚飘。入泥怜洁白,

香菱道：匝地惜琼瑶。有意荣枯草，

探春道：无心饰萎苗。价高村酿熟，

李绮道：年稔府梁饶。葭动灰飞管，

李纹道：阳回斗转杓。寒山已失翠，

岫烟道：冻浦不生潮。易挂疏枝柳，

湘云道：难堆破叶蕉。麝煤融宝鼎，

宝琴道：绮袖笼金貂。光夺窗前镜，

黛玉道：香粘壁上椒。斜风仍故故，

宝玉道：清梦转聊聊。何处梅花笛？

宝钗道：谁家碧玉箫？鳌愁坤轴陷，

李纨笑道："我替你们看热酒去吧。"宝钗命宝琴续联，

只见湘云起来道：龙斗阵云销。野岸回孤棹，

宝琴也联道：吟鞭指灞桥。赐裘怜抚戍，湘云哪里肯让人？且别人也不如他敏捷，

都看他扬眉挺身地说道：加絮念征徭。坳垤审夷险，

宝钗连声赞好，也便联道：枝柯怕动摇。皑皑轻趁步，

黛玉忙联道：剪剪舞随腰。苦茗成新赏，

一面说，一面推宝玉命他联。宝玉正看宝琴、宝钗、黛玉三人共战湘云，十分有趣，

哪里还顾得联诗？今见黛玉推他，方联道……

有趣吧！但联句不一定要多人参加，在第七十六回里，曹雪芹就安排林黛玉与史湘云两人你来我往的联句。①

---

① 《红楼梦》第七十六回里，林黛玉和史湘云两人你来我往的联句：

黛玉道："我先起一句现成的俗语罢。"因念道：

三五中秋夕，

看到这些联句，还真庆幸自己不是活在那个年代，里面有好多字不会念，好多句子一知半解。倘若参加，联句差些或接不上去，被挂在那儿也就罢了，就怕还被写进文章里成为后人的笑柄丢脸。如清朝小说《三侠五义》第三十五回，标题就是"柳老赖婚狼心推测，冯生联句狗屁不通"。被说成"狗屁不通"，在清朝其他章回小说里还多着呢！说明了清朝时联句风气的盛行。

真正的联句诗留传下来的不多，主要是因多人即兴接续的句子，参差不齐意境有别，即使有些好句，整体水平也不容易高。再说，最后成品属谁？著作权归属不明，自然很难纳入各家的诗集里。

## 三 听竹轩联句墨与钱琦

前面所引《红楼梦》的例子，参加的主要都是女士，接下来就要介绍另一锭男士文人的联句墨：听竹轩联句墨（图二）。

这锭墨没有边框纹饰图案印记，没有漆衣上彩特别造型，既不标榜制作墨肆和墨的烟料质量，更少卖弄的字体书法和吓人的官衔称呼。可以说相当平凡普通。与其他墨混在一起，不会引人注目。但若略加把玩，会发

---

（接上页）湘云想了一想，道：

清游拟上元。撒天箕斗灿，

黛玉笑道：

匝地管弦繁。几处狂飞盏？

湘云笑道："这一句'几处狂飞盏'有些意思。这倒要对得好呢。"想了一想，笑道：

谁家不启轩？轻寒风剪剪，

黛玉道："好对！比我的却好。只是这句又说俗话了，就该加劲说了去才是。"湘云笑道："诗多韵险，也要铺陈些才是。纵有好的，且留在后头。"黛玉笑道："到后头没有好的，我看你羞不羞。"因联道：

良夜景暄暄。争饼嘲黄发，

湘云笑道："这句不好，杜撰。用俗事来难我了。"黛玉笑道："我说你不曾见过书呢，'吃饼'是旧典。《唐书》《唐志》，你看了来再说。"湘云笑道："这也难不倒，我也有了。"

图二　听竹轩联句墨

椭圆柱形，正面墨名，背面写："乾隆甲申春日奉玙沙夫子教门人方辅谨制"。

长宽厚 11×2.1×1.3 厘米，重 58 克。

现它烟粉细密胶质清纯，光蕴暗含，绝对是锭好墨。

好墨却以这样朴实外观出现，应该是在制作时特别考虑，以搭配主人的风格。依背面文字，这锭墨是乾隆甲申年（公元一七六四年）时，有位学生方辅，制作送给他的老师玙沙的。

师生两位其实都颇有来头。玙沙夫子的全名是钱琦，浙江钱塘（现杭州）人，进士出身。在乾隆朝内当过江苏、四川、江西、福建等地的布政使（类似副省长，分管民政与财政）、按察使（省的司法长官，并负责监察邮驿）等。官不大不小，清朝里有过类似官职的，成千上万。但钱琦还有个特殊经历，就是他做过巡台御史。

这个官职在清朝存在的时间其实不长，约六十年，从康熙六十年（一七二一年）开始设置。那年台湾发生的鸭母王朱一贵反清复明事件结束后，康熙皇帝对台湾地方官平日不爱民、只会图利苛索、事发后又率先弃城逃跑的恶行大为不满，为加强监督在台官员而增设这个官职，每次派出满汉御史各一人。任期原为一年，后来乾隆十七年时改为三年，前后总共有二十四任、四十八人担任过这个职务。

钱琦是第十七任巡台御史，乾隆十六年（公元一七五一年）二月由厦门乘船经澎湖到台南上任，来年九月离台返京。目前可查到的他在台湾省的事迹有：

**【1】巡视营防**：他当年十一月二日由台南起程，沿靠海路线，经由凤山县的大湖（今高雄湖内）、小店仔（高雄桥头）等处到凤山县治（左营埤头仔），再向南走过阿猴（屏东市）、力力（屏东崁顶）、茄藤（屏东南州）、放索（屏东林边）等番社到郎峤（恒春）。回程则沿山路经傀儡山（北大武山）、山猪毛（三地门山下）校阅清兵战技后，再到凤山县的搭楼（屏东里港）、武洛（里港载兴村北）等社，及台湾县的大杰颠（高雄旗山）、罗汉门（高雄内门）等处，返回台南。

**【2】据实奏闻**：当年十二月，彰化县内凹庄（今台中雾峰）的生番①出草，杀死兵民共二十九人。钱琦据实奏闻给乾隆皇帝。依当时法令，生番杀人，朝廷对地方官员的处分，要比熟番②杀人来得重。因此主管的闽浙总督在奏章里，故意说杀人的是熟番，与钱琦所奏不同。乾隆对这两种不同的说词大为震怒，也对钱琦不谅解。有人劝他退让，但他坚持原则不变，还好真相终于大白。这是他巡台御史任内最为人称道的事。

**【3】吟诗记事**：当时想必缺乏休闲设施，而他的御史身份，也诸多不便，因此作诗、吟诗就成了他生活的一大消遣。有叙述乘船从厦门到澎湖和从澎湖到鹿耳门的《泛海》诗和《后渡海》长诗等；欣赏地方风景的《台阳八景诗》《海会寺（今台南开元寺）》《七鲲身》《澎湖》等；以及民间风俗相关的《台湾竹枝词》二十首，包含猜谜、竞渡、中秋、拜文昌、农产等主题。无意中留下不少早年台湾省的风貌。连横在《台湾诗乘》里，对钱琦的诗评价颇高。本文也抄录几首供参考③。

钱琦为官清廉谨慎、不逢迎，因此始终升不上像是总督和巡抚级的方面大员。影响他为人处世的因素之一，可能是他的家世，让他特别小心低调。

原来他的先祖，是五代十国里定都于杭州的吴越国的钱镠等五位国王。

---

① 保有其原本生活方式的原住民
② 已经开化，可以和汉人杂居的原住民
③ 钱琦诗：《台湾竹枝词·竞渡》
　竞渡齐登杉板船，布标悬处捷争先。
　归来落日斜檐下，笑指榕枝艾叶鲜。
《台阳八景诗·雁门烟雨》（雁门位于现今台南龙崎牛埔的月世界）
　谁移古塞落蛮村，烟雨萧萧旧垒存。
　画里江山天泼墨，马头云数客销魂。
　三峰积霭开仙掌，百尺疏帘卷梵门。
　料得诗怀触发处，最无聊赖是黄昏。
《赤崁城》
　几历沧桑劫，孤留赤崁城。有人谈往事，到此悟浮生。
　地回云山阔，时平烽火清。不妨高堞上，敧枕听潮声。

公元九〇七年立国，到公元九七八年时，末代国王钱俶为了避免战乱而主动被北宋吞并，因此家族并没被赶尽杀绝而存续下来。乾隆皇帝知道这段往事，所以每到江南巡察，往往会召见钱琦和家族里有头有脸的人，以示龙恩浩荡。如乾隆四十九年第六次南巡时，已退休的钱琦也得和族人在杭州庆春门外跪迎，以感谢乾隆六次南巡中有四次到钱家祠堂、五度作诗赐给他们，又派官员去祭他钱家祖先，诸多恩宠看起来风光得很。

只是在皇权时代，天威难测，臣子言行举止一不小心就会家破人亡。更何况是有特殊出身的钱琦？他深懂这个道理，恭敬谨慎不求显达，终能在七十五岁时全身而退，享年八十多岁。

## 四 制墨家方辅

听竹轩联句墨是门人方辅制作给老师钱琦的。那年钱琦六十一岁，正担任江苏按察使，在省里面除了巡抚和布政使，就数他最大。那跟他在一起联句、又制墨送给他的学生方辅，会是何许人物？

方辅没做过官，这锭墨也不是他找人订制的。他的别名叫密庵，提起方密庵的墨，在乾隆嘉庆年间可是大大有名。当时认为与同期的徽墨大师曹素功、汪近圣、汪节庵等齐名。他是地道的徽州人，因此拥有高超的制墨技巧并非偶然。只是他没靠这吃饭，因此名气没别人响亮，传世的产品更少。较知名的有："开天容""桐膏"，以及他首创的"古隃糜"墨等。

来看一锭他制作的雪筠斋藏墨（图三），做成砚台样。整锭墨的工艺精良，众多甚至比头发还细的线条都一丝不苟，令人叹服。这是一锭供文人赏玩的墨，由它的品味，可知方辅这个人，不能以一般的制墨家来看待他。

方辅是不是因擅长制墨，而被钱琦赏识收为门生呢？其实不然。明清

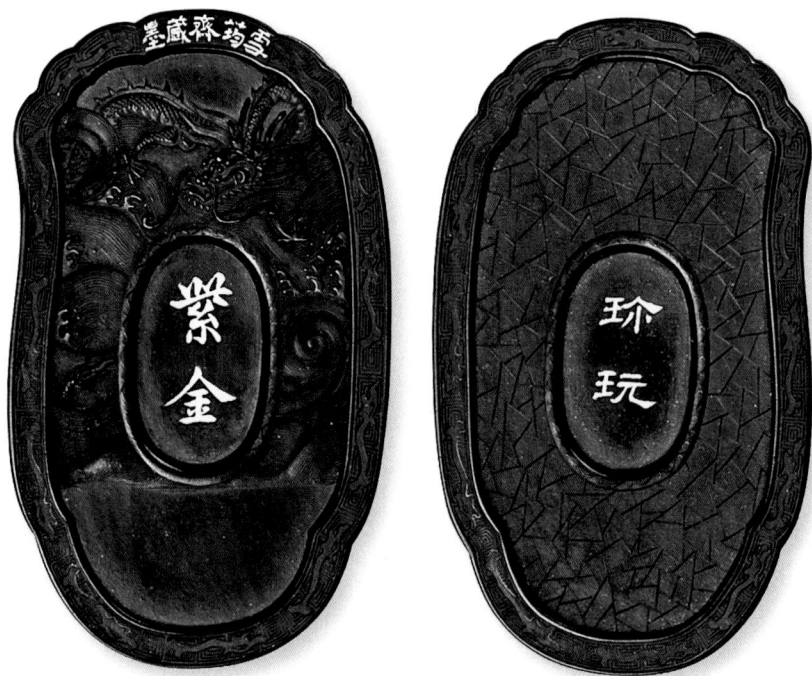

图三　方密庵制雪筠斋藏墨

两面粗框内镂精细回字纹及螭纹，正面框上写"雪筠斋藏墨"，中间椭圆凹槽内书"紫金"，槽边框略高起，
上浮细线螭纹，上中左方镂五爪云龙。背面凹槽内写"珍玩"，四周饰冰裂纹。
长宽厚10.7×6.4×1.9厘米，重142克。

时期，制墨只被看作一种工匠技艺，社会地位不高。不像现代，各行各业都可以有"人间国宝""薪传大师"等封号。因此，若只是个墨匠，在当时他是不够格当钱琦的门人，也无法平起平坐参加文人的联句活动。

好在方辅不是一般制墨工匠，他的学问不错，还写过书。其中一本《隶八分辨》谈的是隶书这种书法的起源，有独到见解。而且，他的书法也很好，曾经在游览武汉汉阳的龟山时，写下"大别山"三个大字，每个字有 1.5 米见方，字体雄浑端庄，嘉庆年间（公元一八一二年）被刻在山壁上，现已成为武汉"龟山八景"之一。有机会到武汉旅游时，不妨去看看。

或许有人问，大别山不是在安徽、湖北、河南三省的交界吗？怎么跑到湖北的中心武汉来了呢？其实这就显现出方辅的学问功力：因为汉阳龟山的古名就是大别山。相传大禹治水时经过此山，有感于山两边的景色大不相同，惊呼"一山隔两景，真大别也"，于是得名。

清初有位书画家程正揆，是明朝末年的进士，后在康熙朝时官至工部右侍郎。从顺治六年（公元一六四九年）开始，到他去世的二十八年里，创作了《江山卧游图》长卷共五百多卷（有暗中思念大明江山的含意）。保存下来的，现散见故宫博物院及各大博物馆。而流散在外的第一百五十八卷，二〇一三年底在北京公开拍卖时，以人民币一千九百三十二万元的天价成交。这卷画长 782 厘米，宽 31.5 厘米，十分壮观。奇妙的是，在它画成百多年时，竟然与方辅产生了交集。

该画卷的前端有幅长 89 厘米的引首，上题"希踪无尽"四个大字，下方署名"己亥秋方辅题"，并盖上两方小印。可知这是乾隆己亥年（四十四年，公元一七七九年）方铺展卷欣赏后的题字。程正揆的长卷在画成的当年就已负盛名，而方辅能在百多年后帮它写起首赞语，可推断具有文人和制墨家双重身份的方辅，多以文人身份活跃于文人圈。这说明了为何他能成为钱琦的门人，并且得以参加在听竹轩的联句活动。

钱琦平生以"虚心实力"自勉，而古人吟竹时也常用这四个字。因此钱琦家里有个听竹轩，是知交好友雅集的场所。"听竹轩联句墨"想必是方辅某次在钱琦家参与联句活动，得到老师夸奖后有感而制作来献给老师的吧！上称"玙沙夫子"，用的是老师的字，署名"门人方辅"，用的是自己的本名，再加上"谨制"，表示尊敬之至，可见师生情谊深厚。

只是让我们还很好奇的是，在听竹轩的联句活动里，先后还有那些文士在场呢？

# 五 谈笑有鸿儒

如今要还原当时的情景，几乎不可能。不过在搜寻许多资料后，相信众多宾客里应有袁枚、金农、丁敬、邓石如等这些名气响当当的文艺人士，我们来看前三位名人与钱琦、方辅师生的交往。

## 袁枚

别号随园老人，倡导"性灵说"，这位因为一篇流露真性情的《祭妹文》曾被收录在高中国文课本里，所以让我们有点印象的文学家，与钱琦是超过五十年的老友。两人交情之深，使得钱琦将他长子命名为钱枚，希望能像袁枚一样。此外他的小女儿钱林也拜在袁枚门下，跟他学作诗作画。

至于袁枚对钱琦这位同乡大哥的钦佩欣赏，则充分显示在他《小仓山房诗文集》里的《心中贤人歌，寄钱玙沙方伯》诗中[1]。全诗有六段，比较

---

[1] 袁枚的《心中贤人歌，寄钱玙沙方伯》

书中有贤人，其人不可再。心中有贤人，其人宛然在。其人在何处？闽江为屏藩。吾幼与同学，吾长与同官。温公爱蜀公，生前为立传。吾亦爱钱公，意欲书其善。公书善欧、赵，公诗善白、苏。称公以两善，浅之为丈夫。

天子南巡狩，玺书颁谆谆。诚恐供张费，累彼元元民。江督黄文襄，阴违而阳遵。孤行一己意，束下

长，叙述钱琦当官时主持正义、不屈从、爱民除弊的事例。尤其第四段里，详述他据实禀报生番杀人案，杠上闽浙总督的经过，非常精彩。

现代人看袁枚，还有一项可激赏的，是他的雅好美食。他留下的《随园食单》，内含牛羊猪鹿等牲畜肉类、鸡鸭鸽等家禽、江鲜海鲜素食、小菜点心饭粥茶酒等三百多道菜式和烹调时应注意和应避免的做法等等。想精通中式餐点，这是本不可缺少的参考书。

也就在这本书里，袁枚分别指出他吃过钱琦家的锅烧羊肉，和方辅家的焦鸡这两道菜，让他印象深刻。钱琦的名字出现在《杂牲单》里，有关"羊肚羹"的做法：

> 将羊肚洗净，煮烂切丝，用本汤煨之，加胡椒醋俱可。北人炒法，南人不能如其脆。钱玙沙方伯家，锅烧羊肉极佳，将求其法。

方辅的名字出现在《羽族单》里，谈到"焦鸡"的做法时：

（接上页）如湿薪。其人养威重，上相不敢嗔。公乃手弹章，焚香达紫宸。天子立召见，问汝所知因。公奏御史官，言事重风闻。倘问所来由，是绝言者根。天听为之动，将黄训饬频。有此小臣直，弥彰圣主仁。一时王侯骇，争来窥公门。以为朝阳凤，以为独角麟。谁知公恂恂，公貌如妇人。

金吾有逻骑，狞狞虎而冠。内府四十名，白日横行惯。公视永丰仓，此辈犹狎玩。其魁名李五，喑哑薄几案。公怒械系之，封章奏玉殿。诏命尽革除，为首者诛窜。百僚舞于衢，路人相与叹。神羊挺然立，百邪已消半。何况鸣一声，根株自痛断。

彰化内凹庄，生番杀黔首。赖白两姓家，二十有二口。故事番作恶，武吏有责成。生番杀人重，熟番杀人轻。大吏争护前，各以熟番报。公时巡台湾，独以生番告。洋洋海风起，偏迟御史章。奏骑既濡滞，所奏又乖张。天语切加责，大吏滋不悦。调者来调停，讹公改前说。公指窗前山，是岂可动乎？苟其徇有位，何以对无辜？宁何矫虔吏，买头作证证。事发得上闻，昭昭黑白定。

三吴民风柔，俗吏恣威福，但博大府笑，不顾小民哭。公莅观察任，上手毋留狱。其一竟劾去，其一稍瑟缩。蠹胥擒五鬼，积案扫千牍。怀砖者改行，舞文者抵伏。片纸告诚张，万民雪泪读，传抄未停手，曲踊时顿足。可惜仅一年，旌旗遽入蜀。民恨公来迟，又恨公去速。至今说公名，父老泪簌簌。
古有班、马才，能记非常事。今有班、马才，苦无事可记。我欲得公状，催公作邮寄。公曰："我生平，碌碌无他异。虚心而实力，祇守此四字"。大哉明公言，四字谈何易？其惟圣人乎，当之庶无愧。愿公永免旃，徐徐俟其至。我欲立公传，恐公事正多。我欲少辽缓，又恐传者讹。故且托韵语，传播为诗歌。歌公更勖公，公其慎晚节。空山有故人，含笑看史笔。

肥母鸡洗净，整下锅煮。用猪油四两、茴香四个，煮成八分熟，再拿香油灼黄，还下原汤熬浓，用秋油、酒、整葱收起。临上片碎，并将原卤浇之，或拌蘸亦可。此杨中丞家法也。方辅兄家亦好。

可见三人有享受美食的共同嗜好，也留下他们可能在听竹轩联句过的联想。


# 金农

身为扬州八怪之首，他的书画如今在拍卖市场里炙手可热。他的《墨竹图》于二○一一年底在上海拍卖时，以人民币一千四百三十七万五千元成交，令人咋舌。

这幅画的题跋时间点是壬午年（乾隆二十七年，公元一七六二年，听竹轩联句墨制作前两年）初夏，是时年七十六岁的金农送给钱琦的。题跋最后说，他相信钱琦回信寄到时，一定还附带礼品，让他在泡茶时可邀些朋友聚饮酬唱（"……此记五年前游吴兴所作。壬午清夏无事，画竹以寄玙沙先生观察，公复书一过，寄到之日定多物件之赏。于茶熟时，要二三宾佐共吟啸也。七十六叟金农"），显示这不是他第一次赠画给钱琦，可见两人的情谊深厚。

而金农（号冬心）与方密庵之间的互动，同样密切。当时曾接待乾隆帝游江南的扬州大盐商江春是徽州人，在其出资刻印的《冬心先生画竹题记》①里，就写出金农与方密庵分享画竹心得的快乐。另在二○○一年黄山书社出版的《歙事闲谭》所载《金冬心与方密庵书》一文中，金

---

① 曩在汪伯子岩东草堂，见张萱画飞白竹，纸长一丈许，干墨渴笔，枝叶皆古，俨如快雪初晴，微风不动，想作者非娟媚之姿悦人也。予缚黄羊尾毛画此巨幅，纵意所到，不习其能，然幽眇闲小有合耳。寄与新安方密庵，密庵善别画，千里之外定軿然以张萱目我也，贤者乐此，不贤者又何乐哉。

农更像小孩般流露真性，要方辅带徽州麻酥糖和蜜枣来解口馋①，不是至交，不会如此。

金农的书法真迹，也像他的画一样天价。他在乾隆十六年（一七五一年）写的手卷《童蒙八章》，是他招牌著名的"漆书"真迹，最后有方辅署名的四方印章。二〇一四年在香港佳士得拍卖会，估价在三百二十二万到四百六十万港元（约人民币二百五十八万元到三百六十八万元）之间。然而想到他晚年穷困死于扬州佛舍，还得靠朋友集资送他灵柩返乡杭州，是不是像梵高一样悲哀？

## 丁敬

这位篆刻界的领袖级人物，是浙派篆刻的开山祖，和袁枚、金农一样是钱琦和方辅的共同好友。除了方辅外，都是杭州人。钱琦小丁敬九岁，在钦佩赞赏他的篆刻艺术之余，也让儿子钱树和钱杜幼年时就拜师丁敬，跟着学习。

丁敬曾帮钱琦刻过一对印章。一颗是"钱琦之印"，另一颗是"相人氏"，都是正方白文印。两颗印章的边款分别有"甲申秋丁敬刻赠玙沙老先生清鉴""孤云石叟丁敬制于砚林时年七十"。清楚显示出这对印章是在甲申年，七十岁的丁敬刻赠给钱琦的。钱琦这年是六十一岁，丁敬还特别尊称他"玙沙老先生"。有意思的是，这对印章和听竹轩联句墨都制作于甲申年，暗示丁敬有来参加联句吗？

丁敬较方辅年长三十岁，两人是忘年之交，他为方辅刻的印，有记录的为数不少，其中方辅似乎特别喜爱一颗"方辅私印"，用在许多书画上。

① 金冬心在扬州时，与方密庵往还甚密。余近见冬心与密庵手书数通。……一云："午后肩舆恭诣送行，阍人辞以公出，未获良晤。画扇四把，付间人。徽州麻酥糖并蜜枣，是珂里方物，秋冬间大驾倘来，乞带数斤，以慰老馋，当作笔墨奉答也。"

如前面提到的程正揆《江山卧游图》长卷，和金农的《童蒙八章》手卷上，都盖有此印。而另一颗"密盦秘赏"的长方形印的侧边，题有文字记载在乾隆二十六年，即公元一七六一年方辅送给丁敬一锭他梦寐以求、却一直得不到的唐墨[1]，可见两人交情非比寻常。当时六十七岁的丁敬，感动得连夜赶工刻出"密盦秘赏"这颗印章当作回赠。

这锭唐墨所指的"唐"，应该不是隋唐时代的唐，而是五代的南唐，即使如此，也足以傲人。

乾隆五十六年时，陕西巡抚毕沅进贡了一锭南唐李廷珪的"翰林风月"墨。乾隆高兴得作首《李廷珪古墨歌》，并在养性殿里辟建"墨云室"来收藏它和其他古墨。这锭绝世珍品现藏台北故宫博物院。而丁敬收到的，纵使不是李廷珪所制，但以丁敬形容它"太古之色，扑人眉宇"，也定非凡品。

## ⚅ 小结

很可惜的是，到现在还没能找到任何包括他们五人在内，共聚一堂，在听竹轩联句此唱彼和的记载。即使如此，个人还是相信它确实发生过。想象这种聚诗书画、篆刻、制墨等绝艺在一起的雅集，又该激荡多少逸兴，多少创作，让人无限神往，低吟徘徊！

听竹轩联句墨，把二百五十年前的尘封轶事，悄悄带进我们脑海，挖掘出那时文人的生活片段，也感慨祖先辈的日子，竟然变成那么陌生！"哲人日已远"，却是"典型竟成空"。

---

[1]　密庵方君自扬来舍，以宋揭九成宫见示，并赠唐墨一枚。太古之色，扑人眉宇，固老夫梦想欲得而不可得者。一旦方君得之，慨焉来赠。绸缪慰藉，吾喜可知。炙砚烧灯，辄为篆此。但恨衰迟日甚，心目废然，未足称报琼意耳。乾隆辛己冬日，六十七叟丁敬记于仙林桥东之寓斋。

还有件事值得一提。前面谈到钱琦据实奏闻彰化生番杀人时，说"生番出草杀死兵民共二十九人"，但袁枚诗里第四段却说"彰化内凹庄，生番杀黔首；赖白两姓家，二十有二口"，怎么少了七人？

其实两者都对。前面讲的是杀死兵和民共二十九人，而袁枚说的是赖姓和白姓两家被杀二十二人。换句话说，同一事件里被杀的阿兵哥七人，没被写进袁枚的诗里。眼看这七人就被暗杠掉了，但老天是公平的，这七位阿兵哥以另一种方式被记录下来。

在台湾中部大肚溪流域里的南投、草屯、雾峰、大里四个地方，都有座"七将军庙"。所祭祀的神祇都是六个人和一只义犬。现存文献，对这四座庙的创建沿革各有不同解释。但是逢甲大学的张志相老师深入考察①后，说明这四座庙都是源出于乾隆二十年所建的雾峰兵庆祠。而祠内起始所供奉的七将军，就是钱琦据实奏闻里，因"生番"出草而遭难的七位兵丁。

这些生前以"防番"为职责的阿兵哥，随后被建祠奉祀、神化成"将军"，继续执行任务。而且因彰化县沿山边界的长期汉人与原住民的冲突，使得信仰得以扩展。最后南投、大里等地也建祠来祭祀。只是时光流逝，当初祭祀的原因背景消失后，以讹传讹的演变成今日的祭祀六位将军和一只义犬。

---

① 张志相老师的考证刊登在二〇〇七年六月的《逢甲人文社会学报》里，网络上可见。

## 第三章

# 清末一位台湾
# 建设者的墨

## ——怀抱

3

*Chapter*

清朝的墨，大都比明朝的更看重视觉效果。常运用不同的形状、图案、绘画、书法、铭款等，让所制的墨呈现出或高贵，或华丽，或典雅，或复古，或新潮，或婉逸等印象，令人欣赏赞叹，爱不释手。究其原因，主要是大量文人订制墨的出现。许多官吏文人为求不落俗套，或是想表露才华突出自己，在订制的墨上讲求变化，以自娱、诉怀、交友，或邀他人赞羡。

# 一 清代文人自制墨

清代文人自制墨，可见出文人追求精致、重视美观的习性。试看三锭分别来自乾隆、同治与光绪年间的墨（图一）。它们的制作时间横跨一百多年，委制人的官阶高低有别，如王昶官至刑部右侍郎，尹耕云则是道员，透过形状、纹饰、绘图等的变化，可见委制者的要求与讲究。如三泖渔庄墨做成可展读的长卷轴形式，恰与王昶一生勤于著述相辉映；尹耕云的墨上以漩涡状的云纹为底，像是块云做成的田地，除了呼应他的名字"耕云"外，又衬托墨上的"心白日"——他的书斋名。

然而相对于这些精心设计讲求美观者，也有一些朴实无华、平淡自然的文人制墨。通常它不加任何图案纹饰和色彩，也没有过多的用句遣词和绚丽书法，只简单载明订制人、时间和墨名。字体不外乎常用的楷书、行书和隶书，不带花俏，形状也都是标准的扁长方形，简单朴素，却依然不减其大方悦目（见图二）。

这两类取向的墨，纯依订制者的个人喜好，应该没有孰优孰劣的高下之分。然而早在宋朝时，就有人对华丽的墨加以批判，认为墨是一种实用品，没有必要在装饰上浪费。最有名的持此看法者，是当时的大学者李格非先生。

说起李格非，知道他的人可能不多，但若说他是女性大词人李清照

图一　文人自制精美墨

左上为乾隆年间王昶委托吴胜友制的"三泖渔庄松烟神品墨"，右上为光绪年间浔阳邺侯氏委由曹素功端友氏制的"雨亭清赏：西湖景墨"，下为同治年间尹耕云委由胡子卿制的"心白日斋藏墨"。

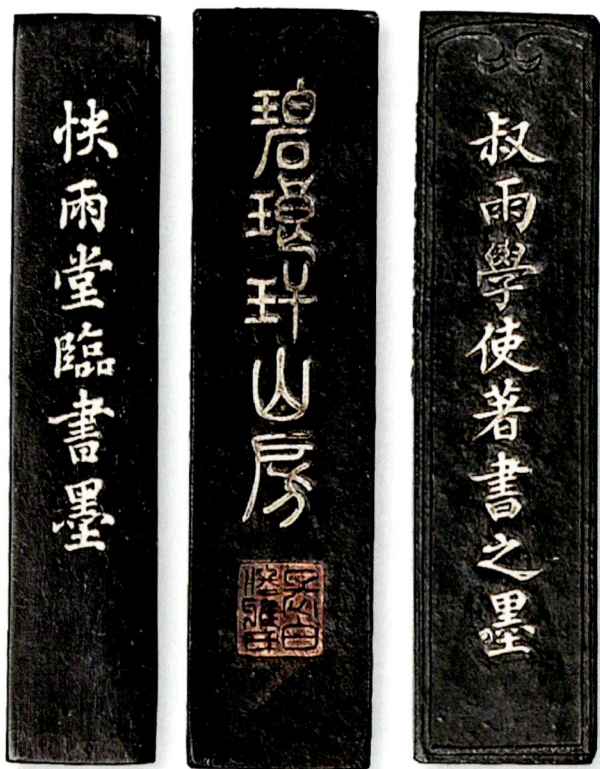

图二　文人自制简朴墨

左为乾隆年间汪谷委由汪节庵制的"快雨堂临书墨"，中为道光年间委由曹素功制的"碧琅玕山房"墨，
右为光绪年间潘鼎立赠龚自闳，委由胡开文制的"叔雨学使著书之墨"。

的父亲，可能很多人会肃然起敬。因为在青少年时，有几个人没读过李清照的《声声慢》："寻寻觅觅，冷冷清清，凄凄惨惨戚戚……"或者《一剪梅》："……雁字回时，月满西楼。花自飘零水自流，一种相思两处闲愁，此情无计可消除，才下眉头，却上心头"？

李格非有篇文章《破墨癖说》，就是从实用观点来谈墨。他认为：墨是用来书写的。所以说任何墨，只要所写跟普通墨所写出来的一样，那就是普通墨了。文章最后他衍伸感叹：可叹啊！不仅在墨上如此，现在有太多的人不讲实际，往往被迷惑而追求虚名。这是天下会走向衰弱、祸乱、失败的征兆啊！（今墨之用在书。苟有用于书，与凡墨无异，则亦凡墨而已！……嗟乎！非徒墨也，世之人不考其实用，而眩于虚名者多矣。此天下寒弱祸败之所由兆也！）

李格非的论点，相信历代都有认同者。现在就来介绍一位与他持相同看法，一位实事求是，且在台湾开发建设历史里着有贡献，但已被遗忘的先贤杨浩农。

## 二 杨浩农墨

先来看看杨浩农委制的两锭墨（图三）。每锭墨都有细框，没有纹饰；都是本色墨，不加漆衣；没有图案，简洁大方，朴实无华。除了墨上的文字，可说与市面上看到的最普通大众用墨毫无差别。

第一锭的两面分别是"富贵寿考"和"浩农自制"；第二锭是"浩农珍赏"和"裘学楼自制墨"。两锭墨都在一侧边题有"光绪己丑年正月初吉"，显示出是在同一时间订制的。而第二锭墨顶还有"精烟"两字。所用字体，有的近于隶书，有的则是楷书。两锭共四面上的用词，仅仅"富贵寿考"四字跟制作背景无关。而它是民间常见的祈福用语，也是市售墨上常见的。

图三　浩农珍赏与浩农自制墨

长宽厚 9.8×2.4×1 厘米，重 40 克。

这两锭墨用字精简，型制单纯，又没附带任何图案纹饰，使我们找不出更多的字句来描述这两锭墨。这恰恰显示墨主人不尚奢华讲求实用的心态。相较于那些华丽的墨，它流露出平凡、平实与平淡。

墨的主人，很明显是"浩农"氏。他的大名是杨宗瀚，字藕芳，浩农是他的号。墨上面出现的"裘学楼"，则是他父亲的藏书楼，也是他读书的地方。至于这两锭墨的制作年：光绪己丑年，是光绪十五年（公元一八八九年）。墨所用烟料，根据其中一锭上所标示的"精烟"，可说是上品，但可能还不及许多文人墨上所标贡烟、五石漆烟、超顶烟等档次。

知道杨浩农的人少。但若说杨藕芳，去过江苏无锡惠山镇的人恐怕都有印象。因为惠山镇有名的观光祠堂群里，就有一座是纪念他的。很多参观者都惊讶这座唯一拥有西式建筑外观的祠堂。更有意思的是，祠堂介绍文字里说他曾帮刘铭传建设台湾，于是台湾省的游客往往会在个人博客里提及。这令人好奇，杨藕芳是何许人物，为何有座祠堂来纪念他呢？

## ㊂ 杨家与李鸿章

杨浩农出身于无锡大家族——旗杆下杨家。父亲杨延俊（号菊仙）是道光年间的进士。杨延俊在北京应考会试时，同号舍的另一年轻考生突然生病，他不辞辛劳相助，调理汤药，最后还好两人都上了榜。事后杨延俊没对人提过此事，却没料到那位年轻考生日后飞黄腾达，他就是清朝末年的洋务重臣，与列强苦苦周旋却不得不签下《马关条约》和《辛丑条约》的李鸿章。

墨是古代文人最重要的文具，从墨大致可以看出主人的地位、心态和价值观。可以说，什么人用什么墨，也可以说"墨如其人"。有如以李鸿章之名所制的墨（图四），墨的一面有当时上海画家胡公寿画的兰草，

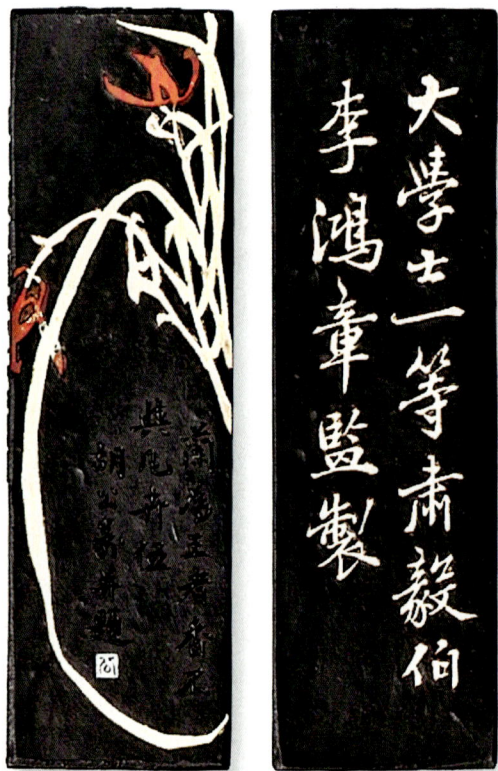

图四　李鸿章墨

正面写"大学是一等肃毅伯 李鸿彰监制"，背绘兰草，侧边写"岩镇曹氏十一世孙监定"，顶写"苑香室"。
长宽厚 9.8×7×1 厘米，重 40 克。

另一面冠上官衔"大学士一等肃毅伯李鸿章监制",精美之余,与杨浩农的墨相比,不免有些浮华。且是由清朝最负盛名的墨肆曹素功家族的十一世孙制作。

杨延俊在官场上虽不显赫,但很有爱民之心。他担任山东肥城知县时,太平天国的北伐军被挡在离肥城百里的地方,因此迎战的兵差络绎不绝。为征兵与军粮,地方官疲于奔命,但杨延俊宁可自掏腰包或举债,也不愿增加老百姓的负担。因此在他过世后,当地人感念而将他入祀肥城名宦祠,事迹写入《肥城县志》,李鸿章也特地撰写《杨君菊仙家传》来纪念他。

杨浩农就是生长在这样悲天悯人、实事求是的家庭。他自幼聪敏,作文时不须构思,提起笔来就能成章。遗憾的是,他不擅长八股空泛的科举考试,考了两次都没中。

咸丰年间太平军进攻到无锡时,杨浩农兄弟自组团练抗敌,并先后加入李鸿章淮军阵营。李鸿章也因当年的渊源,很照顾他们。杨浩农担任秘书性质的工作,起草文稿奏章,很得李鸿章欣赏,称赞他才思敏捷,是一般人所不及(杨三捷才,非他人所及)。

由于当时李鸿章对涉外洋务抱持务实积极的态度,并且借与曾国藩等推行洋务(自强)运动,仿效西方开矿造船,兴办实业等,使杨浩农也有机会在工作中学习,逐渐领会富强建设之道。只等时机到来,就能有所发挥。而这宝贵时机,就出现在刘铭传在台湾省执政之后。

## ㈣ 杨浩农在台湾

光绪十到十一年(一八八五年)间,清廷和法国爆发战争,急派淮军名将,当时赋闲在家的刘铭传,以福建巡抚的头衔到台湾地区来督办军务。果然姜是老的辣,临危受命的刘铭传以他百战太平军和捻军的丰富经验,终能坚守北部不让法军得逞。现今基隆二沙湾中正路一〇一号，存有当时法军阵亡将士约七百人遗骸的法国公墓，已列为基隆市定古迹，开放供人参观。

战后刘铭传深感台湾府地位重要，亟待建设，于是奏请朝廷将台湾府由福建划分出来升格为省。朝廷同意并任命他当台湾省的首任巡抚。这时武人出身、没有建设经验的他，深知打仗和建设是两回事，必须要有才干经验的人帮忙，才能顺应世界潮流，来规划建设招商推动。于是急忙向主持洋务的老东家——李鸿章到处寻求支持，终于请来蛰伏于李鸿章幕中多年、怀才待发的杨浩农。

公元一八八五年冬，杨浩农抵台之后，先奉派"总办商务洋务兼办开埠事宜"，后再加上"督办全省水陆营务兼办台南台北铁路"的头衔，可说是包山包海，横跨都市建设、商业振兴、工矿开发、交通建设等方面。而他也不负所望，在短短几年时间里，交出亮丽的成绩单。具体成果有：

1.发动台湾省富商林维源（板桥林家）、李春生（大茶商）在大稻埕投资辟建千秋、建昌两条街（现合为贵德街），是台北第一条洋楼街；并招募能工巧匠，兴建大量商店，扩大商业区规模。

2.招徕江浙商人，集资创立"兴市公司"，装置小型蒸汽发电机、燃煤发电、装设电灯、开凿新式公共水井；购买第一架蒸汽碾路机，开辟马路；从上海采购人力车五百辆，当作"现代化"交通工具。

3.设立官医局、官药局、养病院，聘挪威医师韩光来主持，为贫病人士义诊，为兵勇治病；设立社会福利机构同善堂。

4.设立煤务局，购买新式机器采煤，提高产量由两万多吨到七点七万吨；设立脑磺总局，用新法熬制樟脑、硫黄，年获利三万余两；设立煤（石）油局，开采苗栗石油。

5.设电报总局，架设沪尾（淡水）到福州、安平到澎湖的海底电线，由基隆到台南的陆上电话线；首创在海关之外的台湾邮政总局和支局，发行邮票。

6.成立全台铁路商务总局，开挖铺设由基隆到台北的路段，首先完成大稻埕到水返脚（汐止），及后至基隆部分。（现汐止大同路二段六〇七号前，高架铁路下，有当时所建铁路基石的文化古迹。而当时所用的火车头腾云号，现仍展示于台北二二八纪念公园内。）

7.引进华侨资本，先后向英德购买八艘轮船成立公司，航行上海、香港、马尼拉、越南、新加坡等航线，结束一向由英国洋行垄断的外部交通产业。

8.在大稻埕的六馆街（现永昌街）设立西学堂，聘外籍教师教授外语、测算、数学、理化等；又在大稻埕建昌街设电报学堂，学习电讯专门技术。

收集汇整以上资料有些难度。主要是因杨浩农只求做事不求闻达，所有成果都由长官刘铭传具名；其次，杨浩农与刘铭传相继离开台湾省后，人亡政息，继任巡抚邵友濂很快就以财政困难为由，取消包括铁路在内的大多数建设；再加上过没两年，台湾岛被割让给日本，使得大多史料湮没。因此除上列大项的成果外，相信还有更多较细部扎根的规划和建设，只是如今已无处可觅。

## 五 后继不懈，青出于蓝

由于公务过于辛劳，导致身体每况愈下，杨浩农在台湾省只工作了约五年就不得不辞官返乡。短暂休养后，李鸿章仍要借重他的长才，委他主掌当时亏本的官办上海机器织布局。他很快就扭转局势转亏为盈。但不幸厂房突遭火灾（有说是他挡人财路，致员工恶意纵火），且因没有保险而损失惨重，使得他被牵连遭受免职。

然而他自强报国之心不因此削减。再度回无锡后，与长兄杨宗濂在一八九五年创办了业勤纱厂。这是中国第一家纯由民间资本兴办的大型机械生产厂，为无锡乃至江苏的工商产业的兴起揭开序幕。两兄弟也因此被称赞为"近代中国民族纺织工业的拓荒者"。

杨浩农在台湾省建设上所做的贡献，虽因大环境变化而没能充分发挥延续，但历史的发展，令人惊叹，事隔百年，他的宽阔胸怀和缜密思虑，竟重现在他的侄曾孙——杨世缄博士身上，在台湾省得以发挥。而这一次，历史没有辜负杨家。

拥有美国西北大学电机博士学位的杨世缄，回台后曾在多个政府部门从事与科技研发和产业推动密切相关的工作。以他的高科技研发背景，投身事关台湾省存续关键的产业经济建设。

那些年正是台湾省面临产业转型升级的紧要关头。杨世缄协助李国鼎推动，就像杨浩农协助刘铭传一样：规划经建蓝图、引进高科技和外资、促进传统产业升级、建立信息电子产业、奖助企业研发、推动信息基础建设、提倡文化创意产业等，使得台湾省在缺乏天然资源的情况下，历经政经变化发展、金融能源危机，却始终保有稳定的经济成长动力，稳步前进。

辞谢政府工作后，杨世缄募集民间资金，进入创投产业，从另一高度继续引领台湾省内高科技产业的创新。这与杨浩农当年创建业勤纱厂之举，前后辉映相得益彰。无锡杨家与台湾省，冥冥中似乎被割不断的绳子绑在一起。

## 六 小结

赏玩杨浩农这两锭墨之余，也有小困惑：因无论是"浩农自制"或是

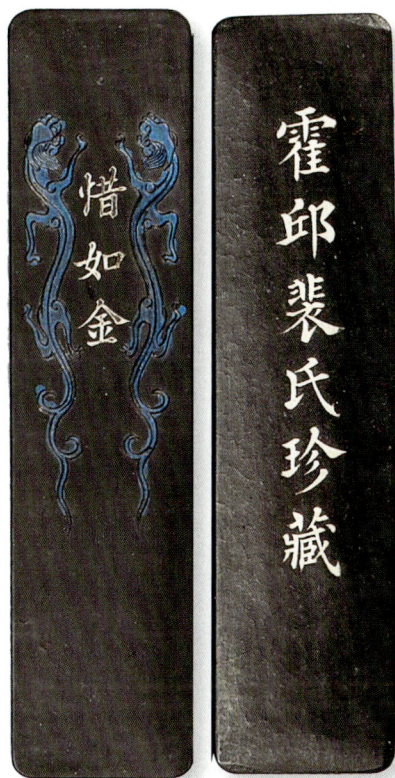

图五　霍邱裴氏珍藏墨

正面墨名，背面双螭拱"惜如金"，两侧分题"光绪己丑正月""休城胡开文监制"，
长宽厚14.3×3.9×1.2厘米，重100克。

"浩农珍赏"墨,虽在一侧标记了制造日期"光绪己丑年正月初吉",但在另一侧边却没像大多数的墨标上制作生产的墨肆名。为何如此?

一个可能是:当初订制时因崇尚简朴实用,连墨肆名也省了,但这可能性不大,较可能的是现所收集到的是后代的仿制品,制作者拿到原来的墨模来制墨销售,但因不是原来的墨肆传人,也没杨家的授权,故不方便在侧边留名。

那原来究竟是哪一家墨肆制作生产的呢?

可提供线索的是"光绪己丑年正月初吉"这几个字。因为它的写法较特别,一般都只写到年为止。故若能找到其他也写有相同字符串,并且在另侧也有墨肆名的墨,那很有可能就是同一家制作的了。

运气不错,在周绍良的《蓄墨小言》书中找到有两锭成一对的"霍邱裴氏兄弟墨"(其中之一如图五所示),很像杨浩农墨,也是成对。它们的一侧标有完全相同的"光绪己丑正月初吉",另一侧则是清楚的"休城胡开文监制"。因此,似可下结论说杨浩农的墨,也是由休城(安徽休宁)的胡开文墨肆生产制造的。当然,还是期待未来能发现直接带有生产制造墨肆的这两锭墨,来证实或推翻此结论。

另一可探讨的是:制墨的光绪己丑(公元一八八九年)正月,杨浩农人在哪里?是在台湾吗?还是已归故里?

在一些谈到他的文章里,没有一致的讲法。有说他是公元一八八八年底离台的,有说是下一年底,还有更晚的。但根据这两锭墨的制作,可能是在他已回乡之后来看,似乎一八八八年底离台的可能性高些。若是这样,那他在台湾工作的时间就只有三年多。以这么短的时间做那么多事,他的行动力实在令人敬佩。这也印证了墨上所传达出他平凡、平淡与平实的风格,令人景仰。

## 第四章

# 寻摸王羲之

## ——范式

4

*Chapter*

浙江绍兴一带，古名会稽、山阴，是春秋时期越王勾践的都城。他在此卧薪尝胆、生聚教训，并且用西施美人计，终于击败吴王夫差，雪耻复国。这地方还有夏朝时大禹集会诸侯，及埋葬于此的传说。山水秀丽，又产著名的绍兴酒，真是个宜人的好地方。但是在古人心目中，可能这一切都比不上一件事——这里是书圣王羲之写《兰亭集序》的地方。

王羲之的《兰亭集序》，文章和书法都被一代代传诵临写。它所记录的文人雅集修禊活动，呼应了孔子赞赏曾子的暮春时带朋友学生"浴乎沂，风乎舞雩，咏而归"的讲法，挑动了古人该适时回到大自然、天人合一的心弦。这种情怀，再配上他飘逸流畅的书法，千年之后依然风靡。李白的诗《酬张司马赠墨》最后两句："今日赠余兰亭去，兴来洒笔会稽山"就充分揭露了世世代代对《兰亭集序》的悠然神往。

有记录说王羲之在写《兰亭集序》时，用的是鼠须笔（采老鼠胡须制的毛笔，挺健尖锐）和蚕茧纸（用蚕茧壳制的纸，洁白缜密），但却没提墨。可是字要写得好，墨绝对是关键因素。猜想王羲之是用韦诞（字仲将）法制的墨（韦诞是最早有明确记载的制墨家，三国时期曹魏的大官，他的墨在当时有"仲将之墨，一点如漆"的美誉）。他比韦诞晚约百年，以他琅琊王家的高贵门第，要获得韦诞的墨，应非难事。再者，当时想送好墨给他的人，还会少吗？虽不知王羲之用的墨，但墨却想攀附王羲之。在不少墨上都能看到与他相关的文字，经由欣赏它们，倒是可以回顾些陈年逸事。

# 一 兰亭高会御墨

东晋永和九年（公元三五三年，岁在癸丑）农历三月初三那天，担任会稽内史（会稽地方首长，等同太守）的王羲之，邀集司徒谢安（淝水之

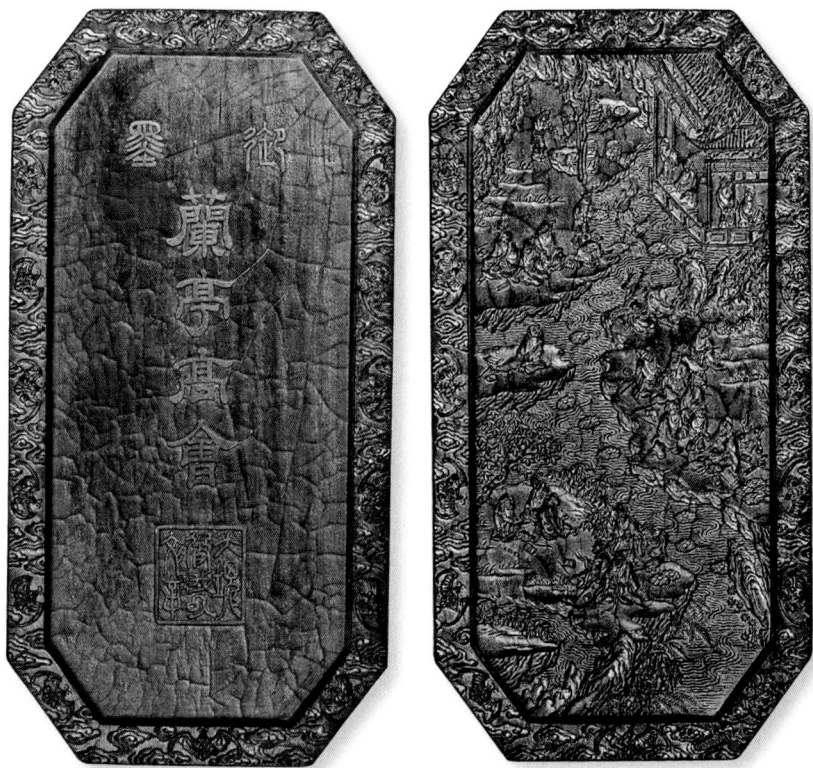

图一　"兰亭高会"御墨

正面横写"御墨"，下面楷书"兰亭高会"，再下"大块假我以文章"篆书方印。背面依《兰亭集序》，镂相
对应情景。两侧写"延趣楼珍藏"。长宽厚15.4×8×1.9厘米，重284克。

战大胜的操盘者)、右司马孙绰等文人雅士和子侄辈共四十一人，来到兰亭踏青，并举行当时流行的临水洗涤、被除不祥之气的活动——修禊。

只见众人三三两两列坐在清流两岸，取来酒杯，盛着山阴美酒（绍兴酒？），顺着蜿蜒的溪水漂浮而下。酒杯停在谁面前，谁就得饮酒赋诗（就是曲水流觞）。于是水边笑声吟诗声与喝酒声不绝，到傍晚，酒杯在众人中已传递多次，王羲之和孙绰等二十六人当场赋诗三十七首。有人提议将诗篇汇编成集，并公推王羲之撰写序言，孙绰撰写后序。王羲之趁着酒性，一气呵成《兰亭集序》，就此留下千古绝唱。

图一这锭"兰亭高会"御墨，呈扁长方形，但四角切除，周边有宽框，框上刻有祥云和飞蝠相间隔的纹饰。墨的另一面，右上方雕刻的亭台，想必就是兰亭，里面有人正持笔作书，是王羲之吗？曲水上方兰亭前，有三只鹅在水中嬉戏。顺水而下，有多个放在似莲叶盘上的酒杯。众人或独坐或三两成群，谈笑吟诗。左上方有童仆在筛酒，也有要放酒盘到溪流里的。雕刻细致，须眉五官多能辨识，令人忍不住要给它赞美！

墨两侧边写"延趣楼珍藏"，此楼位于紫禁城宁寿宫花园中，由墨上的印，可推断此墨出自重视宫廷制墨的乾隆。墨的质地优良、古香古色、做工精细，可说是件珍贵的艺术品。可惜字面上原有的填金、图画上的色彩，都因年代久远而褪去。

## 二 兰亭序墨

王羲之当天所写的文章，从临摹本看（图二），并没有命名。后世有《兰亭集序》《兰亭序》《禊帖》《临河序》《兰亭宴集序》等不同的名称。

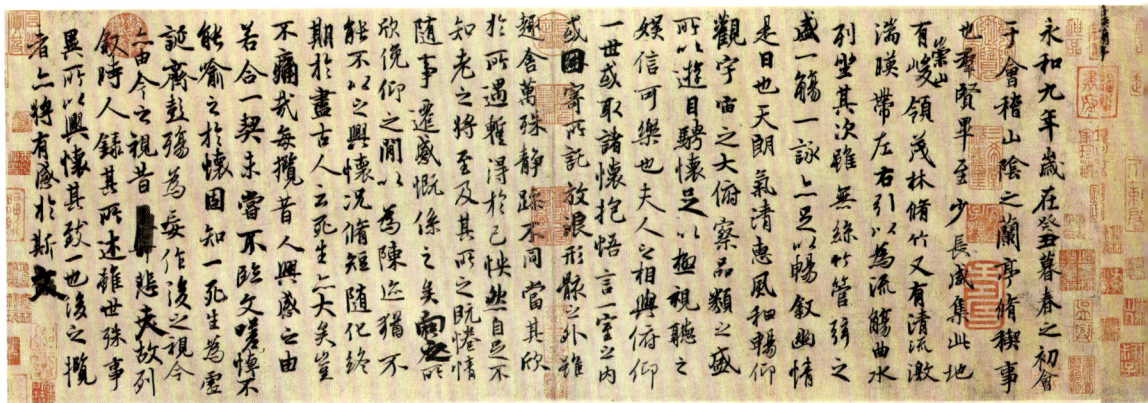

图二　兰亭集序

此为唐冯承素在神龙年间的摹本，或是最接近原本的复制本，现藏北京故宫博物院。

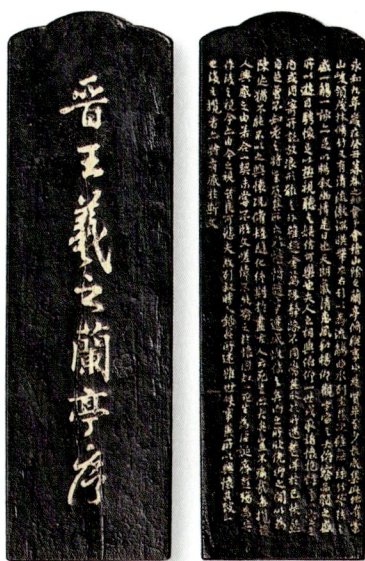

图三　胡开文墨肆的仿品

体型较大，字体秀丽流畅，相信出自名家之笔。

《兰亭集序》有"天下第一行书"之称，有人形容它字字似天马行空，游行自在。凡是重复的字，写法都各不相同。如那么多个"之"字，有的工整为楷书，有的流转像草写，大小参差、巧妙各宜。酒后之作不免笔误，因此有些字被涂改重写。据说王羲之酒醒后，过几天又把原文重写了好多本，但终究没有在兰亭集会时所写得好。

可惜在墨上面很难重现真迹。这胡开文墨肆的产品（图三），体型较大，字体秀丽流畅，相信出自名家之笔。墨的制作时间，猜测是民国以后。

## 三 兰亭后序墨

应邀参加兰亭修禊的众人里，有位名叫孙绰。当时他文章上的名气，可能比王羲之还高。活动中他赋诗两首，也传下被称为《兰亭后序》的相关文章（亦有学者认为该文是为不同的修禊而作）。然而在王羲之《兰亭集序》绝妙书法的光环下，如今已没多少人记得他的文章了。

这锭大圆墨（图四）的正面，即是以孙绰此文为主题。背面则刻镂曲水流觞图。与图一里的墨相比，少了兰亭和鹅，却有更多的竹。全文字体俊美，图雕生动细致，有光润发亮的漆边，整体墨质不错。

从墨上的文字，或许可推论它出自明朝末年的大制墨家叶玄卿。由于在专门刊载明朝墨的《四家藏墨图录》书中[1]，有锭叶玄卿的真品可供比较，可知这锭墨或是后来仿制的。由于它和本文主题有关，制作也还精美，所以在看不到真品的情况下，将它收录在此以供欣赏。

---

[1] 本书由张子高、叶恭绰、张絅伯、尹润生四位藏墨家编写。

图四　仿叶玄卿造兰亭后序墨

正面额珠下，大八边形凹面内写"后序孙绰古人以水喻情有旨哉……"共206字，后小字写"唐临绢本"，
圆印"玄"、方印"卿"字。侧写"万历甲子年叶玄卿 按易水灉制"。

直径16厘米，厚3厘米，重768克。

## 四 鹅群墨

古代的文人、艺术家大都有自己的爱好，有人爱菊，有人爱兰。张大千的哥哥张善孖爱虎，而王羲之最爱则是鹅。鹅的脖子细长却富弹性，摆动时展现曼妙舞姿，柔中带刚，动静有序。王羲之喜欢白鹅，据说跟钻研书法有关。他认为执笔时，食指要像鹅一样昂首微曲好扣住笔，运笔则要像鹅掌般轻巧拨水，才能全神贯注在笔端。他从鹅的形态悟出挥毫转腕的道理，写出来的字飘逸有劲，如行云流水却丝毫不乱。

流传下来的他跟鹅的故事不少：有他想去观赏一位孤老妇人的鹅，却被老妇误会而先宰杀烹煮了鹅要款待他的糗事；也有因所饲养的鹅吞吃他所喜爱的明珠，却让他误会到当时来访的和尚，使得和尚含冤而死的憾事；还有史书《晋书·王羲之传》记载的，他抄写《黄庭经》换鹅群的真实故事：

山阴有位道士，傍水饲养了一群活泼美丽的白鹅。王羲之有天见到，欢喜之余便请道士相让，然而道士却要他抄写一部《黄庭经》来换。为了鹅，王羲之不辞辛苦工整地抄写来给他。后来这部《黄庭经》又被称作《换鹅帖》，它的宋拓本现藏于北京故宫博物院。李白有诗："右军本清真，潇洒出风尘。山阴过羽客，爱此好鹅宾。扫素写道经，笔精妙入神。书罢笼鹅去，何曾别主人。"另一首写"镜湖流水漾清波，狂客归舟逸兴多。山阴道士如相见，应写黄庭换白鹅"都是呼应这个典故。

"鹅群"圆墨（图五）就是以此作为主题。正面的"鹅群"两字行书，潇洒畅意，不知是否仿自王羲之的真迹；背面是群鹅戏水图。

这锭墨是模仿明朝方于鲁的作品，依循《方氏墨谱·鸿宝》卷里的墨样。仿造得还满像的，猜是清末或民国初期的作品。

图五　方于鲁制鹅羣墨

正面写"鹅羣"，左下小字写"明方于鲁制 写黄庭经墨"，背面镂鹅群戏水图。

直径 13 厘米，厚 1.8 厘米，重 276 克。

## 五 王文治的兰亭墨

　　王羲之的《兰亭集序》真迹帖，当然流传家族中视为至宝。约两百年后到唐太宗时，他的子孙智永和尚没继承人，就把真迹帖传给徒弟辨才。辨才把它藏在寺院，暗地里一个人欣赏临摹，总是避免让人看到。然而日子久了，仍免不了走漏风声。当时唐太宗迷上王羲之的字，重赏寻求《兰亭集序》真迹。于是御史萧翼假扮和尚到辨才那里，演出"萧翼赚兰亭"精彩大戏。唐太宗如愿以偿，辨才羞愤抑郁以终。所以，当皇帝还真是有"特权"，即使明君如唐太宗，也不免为个人喜好而夺人所爱。

　　唐太宗得《兰亭集序》真迹后，除了叫多位大臣临摹，还叫人用薄纸蒙上原帖，细描出每个字的轮廓，再填上墨，称为"双勾填墨本"。这些摹本都用来赏赐给王公大臣。因此真迹被他带进坟墓后，摹本也成为后世追求、辗转临摹的对象。据传南宋时的宰相贾似道，就收藏有上千卷的摹本拓本。现今博物院和私人的收藏里，许多都盖有贾似道的印章。

　　清乾隆时期四大书法家之一的王文治，当然也不落人后。他对王羲之父子的书迹有深厚的研究，有人因敬佩他善于临摹《兰亭序》帖而送他"王文治先生闲临兰帖之墨"。此外，还有两锭跟他有关，但更有趣的墨（图六）。

　　这两锭墨同式同样，差别在一锭是本色朴实，另锭则掺了雪金华贵。墨色古黝，光润温泽。是毕秋帆在乾隆癸卯年（一七八三年）订制，用以欣赏赞美王文治（梦楼）所收集的兰亭书帖拓本。制墨者是当时享盛名的汪节庵，所用烟料是高档的"顶烟"。我们好奇的是，毕秋帆是谁？和王文治有什么交情？而他所题写的"清华比润"，又有什么含义？

　　这四个字出自"松风水月，未足比其清华。仙露明珠，讵能方其朗润。"是唐太宗所写《大唐三藏圣教序》里的两句话，用来赞美唐三藏的。意思是：松风水月，比不上他的清新华美；仙露明珠，又怎比得上他的明朗圆润？没有深厚交情，是不会借用这词来形容王文治的。

图六　清华比润墨

墨呈弧形，凸面写"清华比润"，凹面写"乾隆癸卯毕秋帆为王梦楼集兰亭墨"，侧边有"歙汪节庵拣选顶烟"。
长宽厚14.4×3.1×1.3厘米，重96克。

毕秋帆原名毕沅，秋帆是他的号。官至陕西巡抚、湖广总督等封疆大吏，在古董收集考据方面有好名声。著名的西安碑林，就是经他发动整理，才保存下来。他和王文治是乾隆二十五年同榜进士，分别是状元和探花，再加上是江苏老乡，又有鉴赏临写兰亭帖及收藏其他古书画物的共同雅兴。毕沅收藏的许多古书帖，包括《宋拓定武兰亭真本卷》，上面都附有王文治的题跋。

王文治也有赠送给毕沅带有"兰亭"两字的作品。北京保利国际拍卖公司在二〇一三年曾拍卖出一幅王文治写给毕沅的行书七言对联立轴："人于水竹得古趣，天将风日娱清怀"，上下款题上"集兰亭为句书寄，秋帆大哥同年法鉴，梦楼愚弟王文治"，把它和毕沅赠送的墨合起来看，充分说明了两人在兰亭帖上的交集唱和。

# 六 吴云的二百兰亭斋监制墨

清朝喜爱兰亭帖成痴的人很多，毕沅、王文治之后还有位吴云。他祖籍是制墨闻名的徽州歙县，在清廷与太平天国的战争里，因筹备军饷有功，官至苏州知府。他能书擅画，精于鉴赏古物，因藏有王羲之《兰亭序》帖二百种，乃自称"二百兰亭斋"。

他以此名字订制的墨（图七）呈方柱型，文字古雅含蓄，猜想是吴云写的，墨色油润含光，纹饰精巧讨喜。侧边注明制作这锭墨用的是猪油漆烟，也就是以猪油拌和漆一起燃烧后取得的烟做原料，在其他墨上极其少见，是晚清文人订制墨中的精品。承造墨的，是胡开文正记墨肆。

这锭墨制于同治八年（一八六九年），那年吴云五十八岁。藏墨家周绍良的《清墨谈丛》书中说，吴云曾制有多锭墨，更知名的还有一锭"两罍轩书画墨"（留待他文再介绍）。吴云的墨因选料精，在当时就非常昂贵。一两重的墨，有用五两银子来换一锭的。看了这价钱令人心跳。希望它与

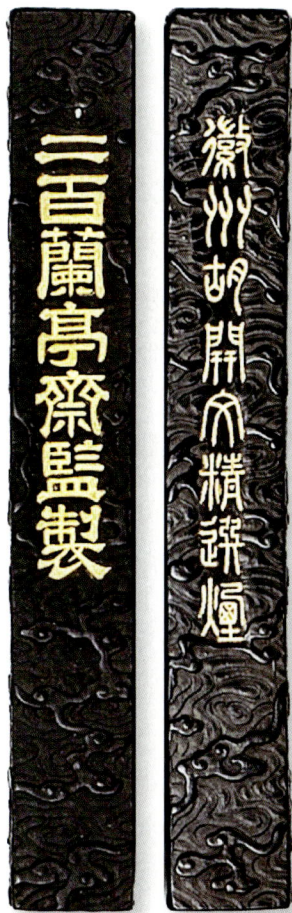

图七　二百兰亭斋监制墨

墨身镂粗细两层云纹，一面写墨名，另面篆书"徽州胡开文精选烟"。两侧分写"同治八年己巳四月""猪油漆烟"，顶端写"正记"。长宽厚 11.7×1.6×1.5 厘米，重 44 克。

日俱升，那手边这两锭墨，方可让人乐上一阵子！

# 七 修禊和曲水流觞

《兰亭集序》不仅成就了自己，也鼓舞了修禊和曲水流觞的风气。自兰亭会后，文人们每到暮春三月，多会仿昔日情景来个雅集助兴。一七九三年适逢癸丑，正是王羲之兰亭修禊的年份，当时在武昌造访毕沅的王文治，就参加了在当地"借园"的修禊活动。又如台北故宫前副院长庄严，曾参加过在重庆和台中北沟举行的曲水流觞；一九七三年、一九八三年他还两度组织四十多人，在台北外双溪举办曲水流觞雅集。

这个活动还曾传到韩国。在建筑艺术界知名的汉宝德先生，多年前去韩国古新罗的首府庆州时，就发现它的御苑遗迹里，有供曲水流觞用的流杯渠。为此他写了一篇《流杯渠的故事》，探讨曲水流觞，并附上北宋的《营造法式》书中所载的流杯渠图样，十分有趣。

台北故宫有个附属庭园至善园，里面有些景点，取名跟王羲之有关，如：羲之书换笼鹅、兰亭、洗笔池、流觞曲水。此处是台湾少有的，可以让人想起王羲之和他的逸事的地方。现代人不用拿毛笔学书法了，知道王羲之和《兰亭集序》而能说上两句的越来越少。再说计算机造出来的字都差不多，有多少人去讲究什么书体！

最后想到许多人旅游到了名胜古迹如兰亭，有的纵酒，有的忙着题字到此一游。因此以一首打油诗来对比今昔，兼怀那时的文士："昔人修禊今人弃，昔时流觞现肝伤。山阴来客仍如织，兰亭书爷到此游。"

## 第五章

# 皇恩浩荡的墨

## ——攀缘

5

*Chapter*

上世纪五六十年代，在台湾省，许多家庭里客厅最主要的那面墙上，往往有张首长的镶框相片，上款写着"某某同志"，下方则是首长的大名和印章。首长着军服或中山装，威严的面容，逼人的眼神，加上两边一丝不苟的正楷毛笔字，令人肃然起敬。

相片里的大人物，除了极少数，千篇一律是蒋中正。家里有他老人家，就好像等于有了护宅神，可以高枕无忧，放心做春秋大梦，出门也趾高气扬，虎虎生风；而没有他相片的，可就得兢兢业业、轻声细气努力工作。

攀官家来抬高自家，自古以来都如此；而官家也喜欢借此笼络部下，巩固领导集团。从古代许多御赐的匾额、牌坊、书轴等，可见一斑。而得到赏赐的家庭，一定高高挂起，夸耀四方，并且传给子孙，以示皇恩浩荡！

这种风气在墨上也没能逃过。匾额牌坊不能随身带着走，墨却可以。所以若得到"御赐"的风雅褒奖，借着墨，绝对可以好好宣扬。


## ⚊ 功臣封爵铭墨

历史上第一位平民皇帝刘邦，曾经问臣下自己为何能击败群雄，获得天下。大臣们七嘴八舌，说这道那的。刘邦听了大不以为然，说："你们只知其一，不知其二。像运筹帷幄之中，决胜千里之外这样出计谋，我比不上张良；而安定领土，抚慰百姓，供应粮饷的行政安排，萧何做得更好；至于率领百万大军，攻城略地杀敌取胜，韩信远胜过我！他们三人都是人中豪杰，然而我却能驾驭他们，这才是我能取天下的缘故。"

一句话胜过千言万语。知人善任，才是刘邦成功之道。张良、萧何、韩信不过是众大臣中的代表人物，事实上刘邦还发掘出更多的人来帮他。

果然到他就位后封赏功臣时，受封赏的有一百多人。并且为了让这群只会打仗造反的家伙安心，他还发誓说功臣的爵位就像皇位一样，能世代相传。誓词是以丹朱（红）色刻在铁券上，也就是后世说的"丹书铁券"。根据太史公马迁的记载，封爵的誓词大意是：即使时光飞逝，黄河变得像衣带一样窄，泰山变得像磨刀石一样小，所封给你们的国家还是会长久安定存在，传到你们后世的子子孙孙。（"使河如带，泰山若厉，国以永宁，爰及苗裔。"）

　　话说得漂亮，谁想到没几年，韩信就以谋反罪名被杀。机警如张良，也自行凄凉引退，躲到秦岭山里去养身修道。皇帝讲的话，能信吗？

　　不信也得信。况且跟着皇帝一起来唬别人，其乐更无穷。因此像这锭"功臣封爵铭"墨（图一），很自然会广受欢迎。不管是否真的被皇帝封赏过，都会想拥有一锭。因为它满足了大多数人潜意识里多少会有的，想仗势傲人欺人的念头。

　　这锭墨呈覆瓦型，又称铁券型，是仿照古时候赐给功臣的丹书铁券。字如刀刻，笔画锋利而苍劲，墨的原版出自明朝嘉靖年间，可能是用来赏赐封爵的功臣。只是这锭御墨怎么会被民间墨肆仿造流传呢？

　　原来嘉靖年代有位总督胡宗宪，负责清剿当时危害东南沿海的倭寇。他重用俞大猷、戚继光等名将，并请负盛名的文人徐渭（文长）当他的智囊，终于取得胜利。猜想他因此获得嘉靖赏赐功臣封爵铭墨，并带回家乡徽州。使得徽州墨肆或有机会观赏并进而仿制，得以流传。

## ⚫二 封爵铭：小崧年伯著书之墨

　　皇帝给功臣封爵，到清朝都没停过，例如曾国藩被封"一等毅勇侯"，李鸿章被封"一等肃毅伯"，他们受封时，会不会像古时候一样，依然收到

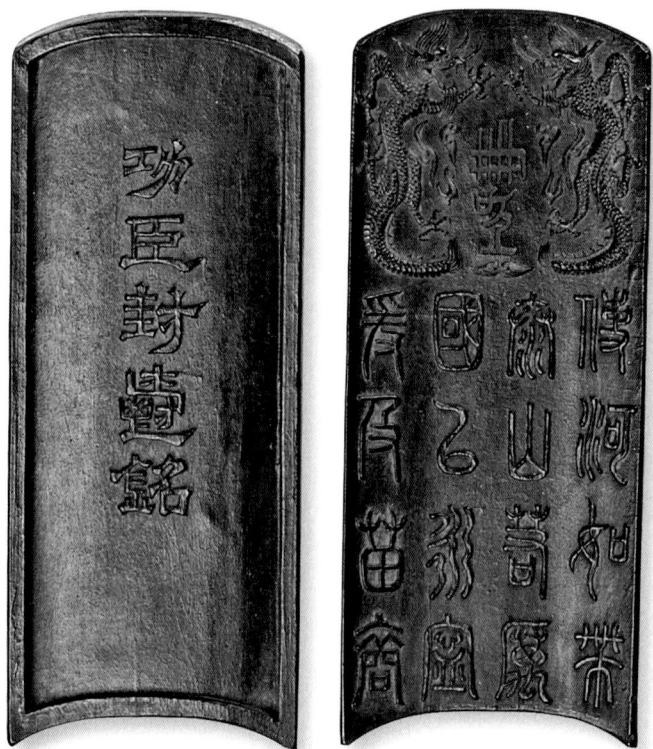

图一 功臣封爵铭墨

正面镶粗框，隶书墨名；背面有双龙拱钟鼎文"册命"，下书誓词"使河如带，泰山若厉，国以永宁，爰及苗裔"，侧边写"嘉靖年御制"；长宽厚 13×5.7×1.9 厘米，重 178 克。

图二　封爵铭·小崧年伯著书之墨

左墨正面写"封爵铭",下注记"胡开文法制";背面写"小崧年伯著书之墨"。右墨于册命图案下加誓词,
背面写"同治壬申年孟春制":长宽厚9.8×2.3×0.9厘米,重45克。

写有"封爵之誓"的纪念品呢？

看来很有可能。因为前几年的拍卖市场上，还出现过署名"少荃李氏珍藏"的"封爵铭"墨。少荃是李鸿章的号，而封爵铭该有的册命图案和誓词，那锭墨上也一样不少。想必是李鸿章在同治三年获封肃毅伯后，依式样由家人向胡开文墨肆订制的。这锭墨我还没有机会获得，所幸手边另有锭与此性质内容相同的墨（图二）可供参考。

这锭墨很有巧思，以一对两锭的组合出现。在第一锭的正面和背面，分写墨名"封爵铭"及"小崧年伯著书之墨"，制墨者是胡开文。第二锭则写封爵之誓的"册命"加四句誓词及制作日期。设计中规中矩，没有花哨纹饰，也没有炫耀的书法。可惜墨质普通，制作稍欠精美。似乎跟封爵这伟大的事不太相配，为何如此？

不过若考虑这对墨的主人，这一切就不是意外。因为到处搜寻不出"小崧年伯"的姓名来历和相关事迹。当然，由年伯的称呼，可知这对墨是他人所致赠，只是这位致赠者也很客气没署名，不留下任何线索。因此猜测小崧先生的封爵，是世袭继承长辈而来。既然不是自己立功所得，当然查不出他的事迹。而赠墨者，或是跟他有同乡情谊，得送上这份礼。却也知道，往后不会有太大好处，使得这对墨从质量看，还真是个薄礼呢！（同治壬申年是同治十一年，公元一八七二年。）


# 三 赐诗堂珍藏墨

除了封爵，皇帝可用的手段还多。你们不是爱作诗、吟诗吗？那就赐诗给你们，让你们随时吟诵，缅怀我的恩典。

这锭"赐诗堂珍藏"墨（图三），就是因为得到康熙御笔的诗，于是在家中设置"赐诗堂"恭敬珍藏，进而制作此墨以纪念皇上的恩宠。墨质坚

图三　赐诗堂珍藏墨

宽椭圆柱形，正面横题"御书"，下写"西掖恩华降，南宫命席阑，讵知鸡树后，更接凤池欢。唐句　康熙乙酉年。"右上篆文椭圆长印"日镜云伸"，左下印"康熙宸翰""敕几清晏"；背面双龙拱"赐诗堂珍藏"，下"臣靳治齐"印；顶刻"藏松烟"。长宽厚 17.5×7×2.8 厘米，重 410 克。

挺且黑黝滑润，满布细长冰裂纹，古色古香。

得到康熙御笔赐诗的臣子，名叫靳治齐，时间在康熙乙酉年（四十四年，公元一七〇五年）。不过康熙写的"西掖恩华降……"等诗句，并非他原创，而是转录唐朝一位宰相张说的《奉裴中书光庭酒》，因此墨上附注"唐句"。那一年康熙第五次南巡并亲察黄河，住在苏州顺便召见臣下。

靳治齐当时在不远的徽州担任通判，不过是个正六品的地方副首长，官位不高，怎么有荣幸得到康熙召见赐诗呢？

原来是受到他死去的父亲靳辅的庇荫。靳辅在康熙十六年由安徽巡抚调任河道总督，治理泛滥成灾的黄河，前后共十年多。他尽心尽力疏浚筑堤，快要收成时，却因工程不免伤及豪门巨富的利益，导致内外反对势力集结，被拉下马。这期间康熙本人的态度摇摆，是主要关键。此次康熙视察河道，了解靳辅当年的做法正确，想必心有愧疚，借着赐诗稍作补偿。而靳治齐因在徽州当官，方便制墨，于是有这锭墨问世！

靳治齐日后在官场并没有飞黄腾达，想必才华有限。倒是他有位族兄靳治扬，康熙三十四年（一六九五年）被派到台湾府担任知府，任内注重教化，也重修他的前任所修编的台湾府志。官声还不错。

## 四 御赐清德堂：绵津山人鉴赏墨

旧臣的儿子得到御笔写的唐诗，那现任的巡抚会得到什么赏赐呢？

当时的江苏巡抚是宋荦（音落），少年时曾进宫当侍卫并为康熙伴读，算是康熙的班底，曾两度接待南巡。康熙认为宋荦不同于一般巡抚，对他赏赐是比照将军和总督的规格：活羊四只，糟鸡八只，糟鹿尾八条，糟鹿舌六个，鹿肉干二十四束，鲟鳇鱼干四束……另外康熙觉得宋荦年纪大，就令御厨将康熙日常吃的豆腐做法，教给宋荦的厨子，让宋荦得以享用。康熙的圣旨里还强调，他吃的豆腐和一般的不同。

这些只是部分，其他古物字画御诗御书的赏赐，多到让宋荦得以在河南商丘的老家盖栋"御书楼"来存放。由此可见康熙笼络人心是有一套。

宋荦有"清廉为天下巡抚第一"的美誉，康熙皇帝曾题"清德堂"三字给他，称赞他的清廉。这三个字后来被制成匾额，高悬老家，直到六七十年代时被损坏，后来找回"清德"两字。此外，由于宋荦喜欢收集古墨，也请好的师傅制墨，因此传下"御赐清德堂"墨（图四）。

这锭墨有两种尺寸，型制略微不同。大锭呈椭圆柱形的雪金外观，小的则是常见的扁长方形素净本色。两锭的图案文字一样，墨质佳，光泽纹理也都可观。绵津山人是宋荦的字号，另外还有个叫"漫堂"的。他以此写了《漫堂墨品》《续漫堂墨品》，纪录他所收藏的九十九锭明朝老墨，留下宝贵资料。

## 五 御赐斋庄中正墨

再看一锭御赐的"斋庄中正"墨（图五），这四个字看起来可真有意思，把蒋介石的名字也一同嵌在了里面。只是这个词有什么特别意义？

它出自儒家经典的《四书》里的《中庸》。书上描写圣人的举止行为敬肃庄重，大中至正，足以使人恭敬，因此称为斋庄中正。之后这四个字也出现在佛教的十五条佛规里，要修行者运用自己光明的本性，行为端庄、心无罣碍、不偏不邪。所以皇帝赐这四个字，该是表达皇帝对臣子的期许，要他诚心敬意、清白公正、坦荡无私地为皇帝效力。

这墨是殷兆镛委制的。同治己巳年（同治八年，一八六九年）他当安徽学政，督导全省的科举文风。朝廷特别颁赐"斋庄中正"的匾额。他趁

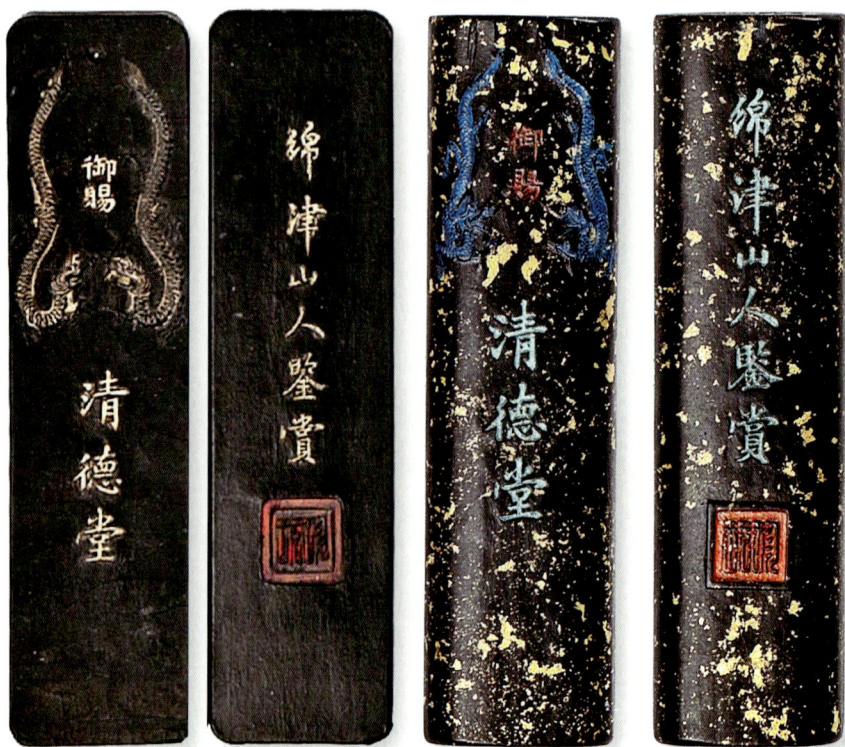

图四　御赐清德堂墨

正面双龙拱"御赐"，下题"清德堂"；另一面写"绵津山人鉴赏"，下篆书"珍玩"印；顶写"五石顶烟"。

上墨长宽厚9.3×2.4×1厘米，重36克；下墨长宽厚13.5×3.6×1.8厘米，重112克。

图五　御赐斋庄中正墨

正面篆书"御赐",下镂双螭拱"斋庄中正";背面写"同治己巳暮春鸳湖觳子制于新安试院",侧题"徽城汪近圣造"。长宽厚12.3×3×1厘米,重58克。

地利之便，请汪近圣墨肆制作此墨。由于他是江苏吴江人，而吴江有个风景秀丽的莺湖，因此他自称"莺湖殷子"，墨上提到的新安试院，是当时设在徽州府城的科举考试场所。

这锭墨的质量不顶好，以他当时安徽学政的官衔地位，应该不止于此。猜想是因当时太平天国的动乱平息不久，整个徽州在动乱中受到严重破坏，各行各业没来得及恢复，制墨业当然也不例外。

殷兆镛在官场打滚四十年，经历很特别。他担任过内阁六部中的兵（国防）、礼（教育）、工（建设）、吏（人事铨叙）、户（财政）等五部的侍郎（次长）；包山包海，有的还当过不止一次，想来必定才华出众。然而不知何故，却始终无缘升为任何一部的尚书（部长）。命乎？运乎？

## 六 王拯重造乾隆御墨

最后来看锭带有"御"字，但却不是御墨，也没有"御赐"作根据，而由文臣所造的墨（图六）。让人不解的是，他造此墨的动机缘由是什么？

这大小两式的乾隆御墨，小锭墨漆金，华丽美观；大锭却古色古香，朴实雅致，是位名叫王拯的，以乾隆御墨为蓝本，在同治四年（一八六五年）重新制作。这位王拯是何许人？怎敢仿乾隆御墨来加以重制？封建时代，这种事应对不好是有被砍头风险的！

实际上，王拯是广西柳州人，七岁时因父母双亡而投靠守寡的姐姐。姐姐以帮人洗衣维持生计，但对他的读书却不放松。姐姐家后有棵梧桐树，两边各有块大石条，一块供姐姐捶衣用，另一块就是王拯的石书桌。每天早上天刚亮，姐姐起来洗衣时便叫醒他，跟到石书桌上读书。

如此勤奋刻苦，终于考上进士。成名后长住北京，还特地请人画幅姐姐督促他读书的画，不忘姐姐教养之恩。他原名锡振，因钦慕宋朝名臣包

图六　王拯重造乾隆御墨

正面镂双螭拱"乾隆御墨"，背书"同治四年敬谨重造"，下"王""拯"印。小墨侧凹槽内写"太素斋法制"，长宽厚10×2.4×1厘米，重38克；大墨侧写"徽州胡开文制"。长宽厚14×4×1.4厘米重126克。

拯（包公），就改名为王拯。

只是清朝不是宋朝，王拯也当不了包拯。在北京当官二十多年，爬上高阶，最终还是因朝廷是非不明，黯然辞官。同治四年他获准南归时才五十五岁。猜测此墨所仿的乾隆御墨原件，是朝中大官的临别赠礼。而在返乡路经安徽时，他再加以重造。一方面为自己的官场生涯画下句点。一方面追念百年前的乾隆盛世。至于是否以此夸耀乡里？估计以他的道德风骨，可能性不大。

皇恩浩荡的墨现在少见，但符合这种精神的替代品，可永远消失不了。譬如说，如今许多餐厅都挂有来过的名人与店主的合照、影艺圈名角的花式签名、报章杂志电视台的美食推荐、网络美食家的博客、几颗星的评价等，琳琅满目，眼花缭乱。值得高兴的是，各行各业如今都出皇帝；然而也有伤脑筋之处，这些新皇帝的质量，不见得比以前的高明，有些反而每况愈下。

| 第六章 |

# 清书法四家的墨

## ——寄情

6

*Chapter*

由于国人忌讳数字"四"与"死"的谐音相似，前几年台湾省规定，新发的汽车牌照里，将不会出现"四"。如今"四"是多数国人的禁忌数字：医院电梯里没有它，电话号码不选它，租买房子避免在四楼的，到了餐厅，明明是四位，服务小姐却偏要说三加一位。

可是在古时候，四却和吉祥平安等连在一起。随手拈来：四季平安、四喜临门、初四接财神、四面佛、人生四大乐事（久旱逢甘雨、他乡遇故知、洞房花烛夜、金榜题名时）、四维八德、四时美景、文房四宝、四书五经等，不胜枚举。

此外，我们还喜欢把四个人集合在一起，给个统称。如战国四公子（孟尝君田文、平原君赵胜、信陵君魏无忌、春申君黄歇）；四大美人（貂蝉、西施、杨贵妃、王昭君）；元曲四大家（关汉卿、马致远、郑光祖、白朴）；娱乐界的四大天王（张学友、刘德华、郭富城、黎明）等。

在清朝中期，有四位书法家享誉大江南北。他们是：翁方纲、刘墉、梁同书、王文治，后世称他们为"清四家"。这四位都当过官，尤以刘墉在现代最有名。当然，这是拜电视剧"刘罗锅"的吹捧。同时也有八位民间人士与他们齐名，就是"扬州八怪"。如今在古董拍卖界，这十二位的书画作品只要一出现，价格就不断攀升。譬如说刘墉的一幅近两米长的行书立轴，二〇一三年六月由北京保利拍卖的价格，高达人民币五百七十五万元（约合台币二千八百七十五万元），令人咋舌。

清四家的作品当然非一般人财力所能及，不必去想。好在手边的墨里，恰有和他们相关的。把玩之余，不免自我陶醉一番。

## 一 翁方纲题"清天成风砚"墨

这锭墨（图一）非常有意思。初见它的名字，大多数人（包含自己）

图一　翁方纲清天成凤砚墨

正面上写"清天成凤砚"，周围底饰卍字纹，中写"乾隆庚戌年春翁方纲为惺园老人王杰题铭"，印"方纲""雨香斋"，背面上方圆盛水墨池，两旁夔龙相挺，其下磨墨凹池底端收为双弧。

长宽厚 10.4×9×1.8 厘米，重 174 克。

会念成"清天·成风·砚·墨"。但通常文章对白里，只见过"青天"两字，像包青天、青天大老爷等，可没见过"清天"的用法。所以，这样念对吗？

确实不对，正确的念法是"清·天成·风砚·墨"。原因如下：

清乾隆皇帝时，要内务府造办处仿制汉朝、唐朝、宋朝时候的古砚，每方砚刻上乾隆所写的诗，六方砚台一组，用紫檀木盒包装，来赏赐给王公大臣。其中一方是仿造"宋天成风字砚"，"宋"表示宋朝；"天成"代表它使用的石材、纹理、做工都精心考虑，使做出来的砚台浑然天成；而"风"则表示砚的形状像风这个字的外形。所以内务府依此仿制出来的，就叫"仿宋天成风字砚"。现在台北故宫博物院里，仍收藏有此名的砚台。

民间制作这锭砚形墨时，想必参考了宫廷这块仿宋的砚台，但也不敢把它做得和皇帝的赏赐品完全一样，因此不好直接套用"仿宋"两字，于是把这锭墨取名为"清天成风砚"，表示这是大清朝所制，像"天成风字砚"的墨。

这锭砚形墨全身涂漆，大小如成人的手掌。它的正面是墨池和夔龙图案；另一面上端有"清天成风砚"五字，古朴苍劲；中间圆面上有"乾隆庚戌年春翁方纲为惺园老人王杰题铭"；两枚印章分别是墨主人的名字"方纲"与"雨香斋"。侧边没有信息显示制作的墨肆，但相信出自名家。因为整锭墨做工精细，纹饰典雅，坚而挺，黝黑且有光泽。

翁方纲所盖的"雨香斋"印章，是他在获得明朝的文征明写的书卷——苏东坡的"喜雨亭记"后所刻的，平常不轻易拿出来盖印。可见他非常重视这题铭。

从墨上题字可知，"清天成风砚"五字，是翁方纲在乾隆庚戌年（乾隆五十五年，一七九〇年），为一位惺园老人王杰所题。猜想是王杰在得到乾隆皇帝赏赐的仿宋天成风字砚后，订制这锭墨来与它相配，并请书法著名的翁方纲题字纪念。这样看来，惺园老人王杰可不是无名之辈，他是谁?

爱看电视上宫廷连续剧的朋友,想必早就会心一笑。没错,他就是在许多以乾隆皇帝为背景的电视剧里,经常和大奸臣和珅作对的王杰。陕西人,乾隆二十六年殿试状元的王杰,清廉正直不畏小人。和珅多次想陷害他,都因他从不徇私而抓不到他的小辫子。在乾隆皇帝死后,嘉庆帝派他去主审和珅,终将和珅定罪处死。

这锭墨上标志的乾隆五十五年,王杰正担任东阁大学士,是宰相级的官,并主管礼部。此时翁方纲恰好任礼部侍郎,两人多有接触,才会促成这锭墨的题铭。而翁方纲在附笔里写上自己全名,也适当表达了以下对上的尊敬。

身为书法家,翁方纲有项加分的本领:就是他眼力特别好,到老都还能写蝇头小字。据说他五十岁后,每年大年初一,都会在瓜子仁上写下四个楷字"万寿无疆";六十岁后,改写笔画少些的"天子万年";到了七十岁又改成更少的"天子太平";在人生的最后一年,在写了几粒瓜仁后,眼睛疲劳模糊,他停笔感叹自己衰老,不久就去世,享年七十六岁。好奇的是,他写那些瓜仁时,可有留下签名?若有,那可真值钱了,该不会被吃掉吧!

## 二 刘墉"如石"墨

这锭刘墉所制的墨呈椭圆柱形(图二),小巧玲珑。据说刘墉个子有点高瘦,看来这锭墨和他体形满相衬的。至于电视剧里所呈现的他的"罗锅"(驼背)造型,专家考证应非事实。

墨的正面写"如石";背面写"乾隆乙卯年制",顶端则有"尺木堂"三字。整锭墨只有文字和印章,没有任何纹饰边框和图案设计花样,朴素

图二　刘墉如石墨

正面写墨名，背面写"乾隆乙卯年制"，方印"东武""刘墉"，顶端写"尺木堂"。

长宽厚 9.8×1.8×1.0 厘米，重 32 克。

中却又流露出雍容贵气，和他当时的身份很相配。印章里的"东武"，是刘墉家乡山东诸城的古名。尺木堂则是制作此墨的徽州著名墨肆。

这锭墨显然是强调"如石"两个字！有什么特别的含义？

藏墨家周绍良的《蓄墨小言》在介绍此墨时，认为除了像其他人咏墨时常用"十年如石，一点如漆"里的"如石"外，还有影射刘墉和他一位能学他笔法，晚年常代他作书的如夫人之意。这位如夫人有个名号"如庵"，而刘墉自己号"石庵"，合起来不就是"如石"？

但我认为还有另一层更深的含义：乾隆乙卯年是乾隆六十年（一七九五年），刘墉时任上书房总师傅（相当于皇室书院的院长，负责皇子的教育），和王杰以及和珅在朝中经常往来。但他采取和王杰不一样的态度来对待和珅，基本上是独善其身，遇到有冲突危险，则用一种滑稽和模棱两可的态度，不阿附和珅，也不对立。很多电视剧里，把他这种心态举止都演了出来。

然而刘墉内心深处，恐怕是不以为然。他晓得只要乾隆皇帝还在，谁都拿和珅没辙，因此在虚与委蛇之际，他得从内心里不断地肯定鼓励提醒鞭策自己，好熬到和珅垮台时机的到来。这锭墨以"如石"为名，很可能在表示，也在警惕要求他自己的为人，始终"如石"！

这个看法，还有个旁证。乾隆五十七年，也就是作此墨的三年前，刘墉在送给都御史纪昀（纪晓岚）的砚台上，题有："石理缜密石骨刚，赠都御史写奏章，此翁此砚真相当"。好一句"石理缜密石骨刚"，虽是赠给纪晓岚的，何尝不是他以此自比。

果然到了乾隆帝驾崩之后，嘉庆处置和珅时，官至体仁阁大学士的刘墉，一改模棱两可的态度，积极参与。不过他并没有公报私仇、附和当时要嘉庆把和珅处以凌迟大刑的众意，反而建议说和珅毕竟担任过先朝大臣，必须为先帝留下面子，请嘉庆帝赐令和珅自尽，留他个全尸，也无形中消弭一场可能的牵连大狱。

刘墉和翁方纲同时在朝廷中当官,又都享有书法盛名,只是两人书法走的路却大不相同。刘墉的书法,中年后超脱古人的窠臼,建立自己风格。他用笔饱满,因此人们根据这个特色,称他为"浓墨宰相";而翁方纲刻苦严谨,每一笔都有考证依据,反被古人套住了而缺少变化。风格相差如此大,就发生过一段趣事。

话说翁方纲的女婿曾向刘墉学习书法,翁方纲有点酸酸的,就对女婿说:"你去问问你老师,他写的字,有哪一笔是古人的?"这位女婿有点阿呆,真的跑去问了。刘墉这连和珅都拿他无可奈何的人,怎会被难倒?他笑笑回答说:"你回去问一问你老丈人,他写的哪一笔是他自己的?"

# 三 梁同书"万杵膏"墨

和刘墉、翁方纲相比,梁同书的曝光率太低了!电视剧里看不到他,历史记载里也少提到他。原因很简单:他官做得不够大。

其实他是有机会做大官的。他父亲在乾隆二十八年当上宰相级的东阁大学士。而他在乾隆十七年虽然没上榜,但皇帝仍赐他进士,并让他进翰林担任侍讲(备询为皇帝讲解经史的官),显然对他父子有好感。

然而他父亲大学士当上不到一年,不知是否太过紧张操劳,竟然病逝。于是他伴灵柩回浙江钱塘(现在的杭州)老家守丧,从此不再当官。以他当时三十六岁的年龄,如此看得开,实在了不起,终能高寿九十二岁。

这锭"万杵膏"墨(图三),顶端两角内收,墨身涂满金粉,一面有"钱唐梁山舟制";另面是"万杵膏",比起其他锭墨来,既轻又薄。

梁同书在这锭墨上所署的名,是他的别号"山舟"。这别号的来历,有点意思:元朝有位当过翰林学士的文人散曲家,叫贯酸斋,西域人,后来辞官隐居在杭州钱唐一带。梁同书回乡后,无意中访得贯酸斋写的

图三　梁同书万杵膏墨

正面写"万杵膏",另面写"钱唐梁山舟制",侧面凹槽内写"汪节庵选"。

长宽厚9.6×2.0×0.8厘米,重26克。

行楷"山舟"两字，爱不释手地挂在他书房里，因此得了"山舟先生"的称号。想来他不只是喜欢贯酸斋的字，更喜欢的是他及早退隐的人生，用以自勉。

这锭墨包覆着金粉，无法了解墨质好坏。不过它是清朝四大制墨家之一的汪节庵所制，想来不差。周绍良的《蓄墨小言》书里，也论述了这锭墨。令人惊讶的是，文里还附上梁同书所写的墨票（类似墨的说明书），称赞这款墨用料讲究、细致，握在手里触感如玉，黑亮如同镜子可反光："万杵桐华膏，剂以香麝郁。入手圭有棱，光可鉴鬟发……"当时梁同书八十岁，也点出这款墨是嘉庆年所造。

梁同书退隐后的日子并不寂寞，像巡台御史钱琦、随园老人袁枚、扬州八怪的金农、篆刻浙派鼻祖的丁敬等，与他都时有往来。在这些朋友的砥砺下，也创出自己的书法风格。他曾表示：前人的书帖，是给人看的，不是用来临摹的，临摹得再好，又有那笔是自己的呢？这话和前面刘墉反问翁方纲的话一样。从梁同书存世的书法中，可看出他的字确实有独特的风格。


## 四 王文治闲临兰帖之墨

如同前面三位，王文治也是进士出身，而且还是第三名的探花。他没能和翁方纲、刘墉一样做到内阁重臣，也不像梁山舟那样早早隐退，却有个稀罕的经历：当过云南临安府（现建水县）的知府三年，与哈尼、纳西、傈僳、彝、傣、苗等许多少数民族相处过。想到以前有句俗话："三年清知府，十万雪花银"，不知王文治这位知府是否也沾上了？

当时的临安府，不仅落后，更糟的是，他去的那几年，清廷和缅甸开战。战争所需的兵马、钱粮等补给供应，顿时成为云南各府县的巨大负担。

图四　王文治先生闲临兰帖之墨

正面墨名，背面写"犀玉　仪园主人精选"，两侧分写"五石顶烟""乾隆癸亥年汪节庵监制"。
长宽厚 11.5×2.8×1.1 厘米，重 54 克。

临安府即使离战场有点距离，也不例外。王文治有诗说："羽书日日征兵急，鸟道家家转饷难"；有一次他督运军粮到前线，当时的云南可没有像样的公路，鸟道（崎岖小径）加上瘴气和恶劣的卫生环境，让他染上痢疾，吃尽苦头，差点没命。这一切对他这位不久前还在担任翰林、毫无地方官经验的文人来讲，冲击实在太大。

对缅甸战事不利，前后两任云贵总督得罪而死，让云南的高官都绷紧神经，随时要找替罪羔羊。不巧当时临安府的属县发生钱粮亏空，由北京空降来的王文治却不知情，新任的巡抚马上弹劾他失职。好在乾隆对他还算留情，只降级处分。然而遭此意外打击的王文治，想到今后仕途会更加艰难，干脆告病辞官回乡镇江。十万雪花银，抛诸脑后吧！回乡后盖了栋小楼，取名"梦楼"。不知是否比喻"南柯一梦"？"梦楼"从此成了他的外号，三十九岁的他不再复出，开始后半生的自在生涯。

图四的墨，看得出是位仪园主人订制送给王文治的，因为墨上用尊称"王文治先生"。仪园主人为了强调他精选的这锭墨的质量，还特别题上"犀玉"两字，表示此墨"纹如犀润如玉"，即纹路浑然天成如犀牛角，又温润如玉。

仪园主人是谁？他为何送墨给王文治？显然是因为他欣赏佩服感谢王文治临摹出的王羲之的《兰亭序》帖。据当时人记载，王文治在二十几岁到北京，还没考上进士前，就已经因他善于临摹《兰亭序》帖而闻名士林。奉派出使琉球（现今冲绳）的大臣因此邀请他随行，出了趟国，船还遇风浪差点让他淹死！稍值得安慰的是，琉球、韩国、日本从此都爱好收藏他的字！

之前我们看到梁同书对临摹古人书帖的负面看法，但在王文治这位探花身上，显然不适用。因为他已从临摹兰帖中走出自己的路。他运笔轻柔，喜用淡墨；相对于刘墉这位"浓墨宰相"，当时的人就给他"淡墨探花"的美称。王文治的书法，据说连梁同书有时也自叹不如。

## 五 小结

原本是书本上才有的古人，在看到他们的书法、把玩和他们相关的墨后，突然觉得亲近不少；不再是冷冰冰的笔画，字里行间好像会跳出他们的性格、风度，甚至走路的样子。

想想古时候的读书人，虽然得十年寒窗，朝夕练字，过着墨不磨人人自磨的日子，但起码他们留下些笔墨文玩珍趣等，引发后人思古幽情。倒是我们现代读书人，生活在电子时代，有键盘、鼠标、触控屏幕，再也不用去讲究字体风格，再也不须要张罗文房风雅，每个人的著作书体都千篇一律，更不会留下彰显个人品位的文房用品。相较之下，是我们赚到了方便，还是古人保有了自我？

王文治有点国际交流的命，前面提过他曾随同出使琉球，参与缅甸战事，退隐后，他依然有时会和来进贡的使节应酬唱和。那时有位从安南（越南，古时也称交趾）来朝贡的阮辉，是安南的探花，在登临洞庭湖的岳阳楼后曾有诗作，其中两句："雾借山光吞去鸟，客从镜上数归渔"，王文治觉得颇有新意，也激起他赋诗：

淡云微雨朝鲜使，去鸟归渔交趾才。我是中朝旧供奉，江湖白发首重回。

诗中透露了曾有位朝鲜使节的诗里，出现过"淡云微雨"的词句，现在又有交趾才子的"去鸟归鱼"，引发他这位"中朝旧供奉"不吐不快。只是淡云微雨也好，去鸟归渔也好，都得让王文治最后一句里的"江湖白发"给一笔勾销！

## 第七章

# 唐玄宗与龙香剂墨

## ——造神

7

*Chapter*

汉唐盛世，一般以汉武帝、唐太宗为代表人物。但唐玄宗（又称唐明皇）李隆基无疑也有他鲜明凸出的一面。他从武则天之后的混沌局面里，清除武氏、韦后家族，稳固大唐天下，建立起可比美唐太宗"贞观之治"的"开元之治"。执政四十四年（其中开元时期三十年），超过唐太宗的二十三年，接近汉武帝的五十四年。

然而晚年因宠幸杨贵妃，重用杨国忠、安禄山，引发安史之乱，重伤大唐元气，从此跌入衰退，晚节不保。跟唐太宗晚年涉及奢靡和信服丹药，以及汉武帝晚年的巫蛊之祸比起来，更为荒唐。

相对于政治上的表现，唐玄宗在艺术领域里就可爱多了。古典戏曲里熟知的"梨园"，就始于他。玄宗会弹琵琶、打羯鼓，操二胡、笛子等乐器，还曾作曲如《霓裳羽衣曲》《小破阵乐》等一百多首。每逢梨园演出，他往往坐在前面打羯鼓，兴起时还会粉墨登场扮丑角，所以至今梨园奉他为祖师爷。想象一下，如果一位现代的国家领导人公余时会作曲、演奏各种乐器、还会扮小丑，是不是很有意思！

他的书法也受到后世书法家推崇，留传下来的有《鹡鸰颂》、泰山岱顶上的《纪泰山铭》摩崖刻石；以及在西安碑林里保存的《石台孝经》碑石，上面有他以隶书、楷书和行书所写的文字。可惜的是，不知他当时用的墨为何。

唐玄宗与墨有一段美丽的邂逅。根据零散在典籍里的资料，可证明他曾经制墨，并改良配方加强香味；他把墨命名为"龙香剂"，后世也采用而衍伸出一系列产品；他的墨曾被用来塑造神话，塑造他天命所归的形象，因此他可说是墨被人格化的创始者。这一切都可从手边一锭墨（图一）谈起。

图一　詹文川制龙宾墨

四角折，正面横写墨名，下嵌米珠，再下圆框内镂团龙；另面横写"贡烟"，下楷书"玄宗皇帝御案上墨曰龙香剂……上神之乃以墨分赐掌文官"，小印"文川"，侧凹槽内写"乾隆癸未年"。

长宽厚 11.5×2.7×1.5 厘米，重 54 克。

# 一 詹文川制龙宾墨

这锭墨光滑亮洁、烟粉细密、胶质清纯、工艺精湛、造型朴素大方，是上好佳品。所标志的贡烟两字，表示制作墨所用的原料烟怠（tái，烟气凝结成的黑色粉尘），是上好供进贡用的。只是，制墨者是谁？制作年份真的是在乾隆癸未年（公元一七六三年）吗？

要探讨这锭墨的来历，墨面印章里的"文川"两字是线索，但还不够。所幸已逝的藏墨大家周绍良在《清墨谈丛》书里记载，他有件与此墨大致相仿的收藏品（如图二）。除了是扁方形、未嵌米珠、没写贡烟两字，也没有侧边凹槽和其内的铭文"乾隆癸未年"外，其他部分完全相同。所以我们可依他书里的介绍来推论：这锭墨的制作者，是徽州婺源的詹文川。

周绍良和另一藏墨家巢章甫都认为：詹文川应是清朝前期或更早的人。因此墨上所标示的制作年份，可能不假。加上这种在侧边凹槽内写上制作年份的设计，是清朝早期制墨常见的，更加强了此制作年份的可靠性。

原墨侧面注明了制作年代，但《清墨谈丛》所载之詹文川龙宾墨（拓本）却没有。此外，周绍良书里也提到他那锭墨的"工艺粗陋"。因此令人困惑，詹文川为何要制两锭形状和质量有别、意义却相同的墨呢？

猜想第二锭墨的原始版跟第一锭同样，品质好且侧边标有年份。两者都可能是詹文川所制套墨"龙宾十二"里的失群成员。这套墨推出后想必反应不错，于是詹文川墨肆的后人便搭便车，推出的平价商品，供市井小民和学生采用。

由于身为市售品，销售量大，导致每隔一段时间得再做一批。为了省事不再刻记载制作年份的边模，干脆舍弃不用；另外考虑平价商品的成本，原料自然不是"贡烟"这种好料，也不须米珠、漆衣这些装饰讲究，就制出这样工艺粗陋的墨。

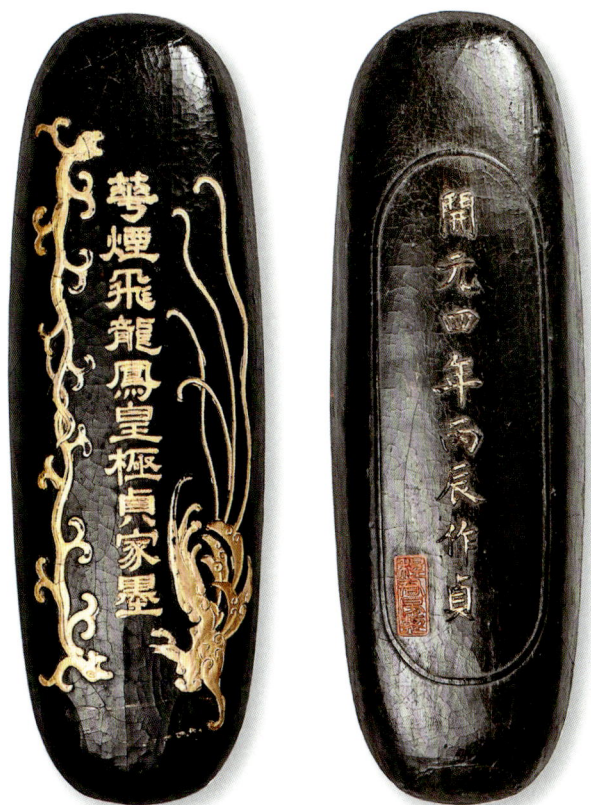

图二 贞家墨（仿品）

长宽厚 22.5×7.3×3.2 厘米，重 488 克。

## 二 唐玄宗与墨精：龙宾之会

这两锭墨上记载了唐玄宗与墨的一段掌故：唐玄宗的御桌上有锭名为"龙香剂"的墨。一天，玄宗看到墨上有小道士像苍蝇般游走，就斥责他。没想到他却高呼万岁，禀奏说他是"墨精"，叫"墨松使者"，并说世间有文笔的人（的墨上面）都有（像他一样的）"龙宾十二"。唐玄宗觉得很神奇，于是把"龙香剂"墨分赐给掌理文章的官员。（玄宗皇帝御案上墨曰龙香剂，一日墨上有小道士如蝇行，上叱之，呼万岁奏曰：臣墨之精，墨松使者，世人有文章者皆有龙宾十二，上神之，乃以墨分赐掌文官。）

怎么样，墨里有墨精，会跳出来以小道士形象说话，够传奇够炫吧！这段文字传达了几个讯息：

1. 讲到唐玄宗时，都以全衔称呼，暗示这是他在位时发生的事。

2. 玄宗桌上的墨，当时已知叫"龙香剂"。但谁制作的？不清楚。

3. 小道士在回答玄宗叱责时，用了臣字，符合玄宗当时在位的讲法。

4. 小道士又说"世人有文章者皆有龙宾十二"，表示他的出现，是来自于墨的普遍法则，世人有文章者都会碰到。意思叫唐玄宗不要大惊小怪，无形之中也暗示这墨不特别。

5. 宫里的龙香剂墨还不少，唐玄宗才能把这款墨分赐掌文官。

6. 话里冒出的"龙宾十二"，非常突兀。不知是一样东西，还是十二样？

7. 龙宾该如何解释？事情发生在何时何地？全篇给人印象是交代不清。

整件事虽稀奇古怪，但却不是詹文川墨肆的八卦或狗腿之举。因为他是根据古书而转录在墨上面的。有两本古书以简洁的文字记载了此事，情节大致相同。但若详究其文字和语气，两书却有很大的出入。

其一是唐朝人冯贽所写的《云仙杂记·陶家瓶余事》，在"黑松使者"项下的记载。该书所写与墨上面的几乎一致，只有些语助词方面的差异，因此我们在此不加以引述。有兴趣者可直接到网络上找来看。

只是冯贽的生平毫无细节可考，《云仙杂记》所引用各故事的书目，也是历代史志里看不到的；加上所记载的相关年号往往前后颠倒矛盾，历代学者很早就认为它是后人写的伪书，根本没有冯贽这个人。或即使有，他也没写过这本书。这样看来，唐玄宗与墨的这段往事是否就完全不可信呢？

## 三 开宝遗事

幸好还有另一则比较经得起推敲的出处，是清朝乾隆时，储大文所编撰的《山西通志》里，所引用的《开宝遗事》中的记载。储大文是康熙六十年进士，曾任翰林院编修。他所引述的记载的可信度，比前书要来得高。

这篇记载透露出更细腻、更丰富的讯息：唐中宗景龙初年，唐明皇任职潞州别驾（今山西长治市一带副首长）。有天靠着桌子，却看到墨上有个小道士像苍蝇般游走。明皇斥责他，他就拜呼"万岁"并且说："小臣是披黑衣的使者，是墨精，也是龙宾啊！"明皇叫秘书把墨收好，等到当上皇帝后，还不时拿给一些文学侍从之臣看，说墨的名字叫龙香剂。（景龙初，明皇为潞州别驾。一日，据案见墨上有小道士，如蝇而行。上叱之，即拜呼"万岁"曰："臣黑衣使者，墨之精，龙宾也。"帝命掌记珍藏。即登位，犹取示词臣，名"龙香剂"。）

跟《云仙杂记》所讲的比较，在人、物、时、地、话语、事情发生的经过上，这篇记载都更明确，并透露出更多更细更可玩味的信息：

1. 它精准指出事情发生在唐中宗景龙（七〇七年九月至七一〇年六月）初。

2. 它明白表示，唐玄宗当时还没登基，而是在潞州出任别驾一职。

3. 当时玄宗还没登基，小道士却已称万岁和自称臣，是在暗示预兆什么？

4. 小道士说自己是墨精，是龙宾，也就是龙的客人，在暗示谁是龙吗？

5. 小道士没说"世人有文章者皆有龙宾十二"，口气里显露出他这个黑衣使者／墨之精／龙宾，是伴随着那锭墨的尊贵而生，其他墨上不会有。

6. 玄宗因而特别珍视那锭墨，叫随从把它收好，不再用它写字。

7. 玄宗登基后还常常炫耀墨给文人大臣看，有如印证小道士说的正确。

8. 玄宗在那时才命名"龙香剂"，寓意墨跟他这位真龙天子间的关系。

9. 玄宗并没有把墨赏给掌文官。可推论这墨稀少，不是大量采购来的。

由此可见，《山西通志》整篇记载从逻辑上讲相当完整，前后环环相扣，都在表达一个讯息：在玄宗还是潞州别驾时，他桌上一锭与他有关系的墨上，出现了神迹，摆明了他是天子。如果当时这神迹就流传出去，可是要杀头的。因此玄宗叫秘书收好这锭墨，一直到他当皇帝后才拿出来给文臣看，印证他是天意所归。此时才帮墨取了个寓意丰富的名字，叫"龙香剂"。

这样看来，潞州别驾桌上的墨，是关键所在。它引出小道士，说出万岁和臣的字眼，让玄宗珍藏它以供日后印证，又得玄宗命名。它跟其他的墨有什么不同？跟玄宗有什么特别亲近的关系？有可能是玄宗亲手制作的吗？

## 四 龙游潞州

要充分说明玄宗与这锭墨的交集，得先回顾一下他的生平，以及在他登上大位之前的时空背景。

玄宗李隆基于公元六八五年生于洛阳，是唐睿宗李旦庶出的第三个儿子。当时他的祖母，也就是皇太后武则天，掌握朝政大权，并大力提拔她娘家的武氏家族。玄宗父亲之所以能当上皇帝，是因前任的唐中宗李显（玄宗的三伯父）说错了几句话，只当了五十五天皇帝，就被武则天废掉，因此睿宗在皇位上战战兢兢。即使如此，公元六九〇年武则天仍自行称帝，并改国号大周。李旦被废后，在武则天家族和酷吏的环伺下，一家人朝不保夕，忧患恐惧。

公元七〇五年正月，武则天八十六岁时，宰相张柬之等发动政变，逼退武则天，迎立前唐中宗李显复位。这年李隆基二十一岁，没来得及参加政变。情况虽似好转，但唐中宗生性懦弱糊涂，政权被皇后韦氏、女儿安乐公主及女婿武崇训的武氏家族把持。更复杂的是，韦后和安乐公主都想效法武则天当女皇帝，武氏家族当然在旁推波助澜。于是当过皇帝的李旦一家人，又成为猜忌和打击的对象。

在这种情况下，公元七〇八年，二十四岁的李隆基由京城长安的临淄王兼卫尉少卿（官四品）身份，被降调到山西的潞州任别驾，官位五品。远离权力中心，闲职不管事。

换作别人可能心有不平，但对李隆基而言，离开政治气压低沉的长安，可就如脱离牢笼。当时潞州首府上党，多年来都是全国制墨的一大重心，所生产的"潞墨"名声远播。数百年墨业的兴旺，引来多少文人墨客为之折腰。譬如有位张司马赠送潞州上党墨给名震天下的大诗人李白，李白特别要童仆用锦囊装着、怀在袖里，说是要等去到书法名地会稽山兰亭挥毫时，才拿出来尽兴使用[1]。

于是在墨业发达、商贾云集的潞州，他结交了一批死党，成为他日后夺权的核心干部。也就在这里，他与墨结缘，导出前面所说的故事。

# 五 潞州制墨

李隆基到了潞州，相信以他的多才多艺及浪漫天性，自然会试制几块墨作为纪念品，就好像如今我们到了莺歌，不免坐下来捏个陶坯一样。而在他制墨之余，如何讲求改善配方，使墨更香更好，进而炫耀卖弄，进而结交能人志士，以他的天性，那就更不在话下。

这个论点，古书里已有旁证。明朝王象晋所著的《群芳谱》里，就清楚记载唐玄宗用芙蓉（荷）花汁调香粉来制墨[2]。王象晋是明万历三十二年（公元一六〇四年）进士，严谨而正派，曾因拒绝坏蛋大宦官魏忠贤的拉拢，导致与他哥哥双双被迫辞官回山东老家。回家后他率领仆人经营园圃，亲身培育花木，试种农作。随后把耕作经验和博览古书所收集的相关资料，费时十多年写成四十多万字的《群芳谱》，记载植物达四百多种。每种植物他都详细叙述它的形态特征、栽培方法、实用性、

---

[1] 李白《诗酬张司马赠墨》：
上党碧松烟，夷陵丹砂末。
兰麝凝珍墨，精光堪乃掇。
黄头奴子双鸦鬟，锦囊养之怀袖间。
今日赠余兰亭去，兴来洒笔会稽山。
[2] 唐明皇以芙蓉花汁调香粉，作御墨，曰"龙香剂"（当时荷花别称芙蓉花）。

相关典故和艺文佳话。

虽然王象晋与唐玄宗相隔约九百年，但以其学识人品处世，可以相信他的记载有依据，可信度高。而把荷花汁拿来调香粉，做墨的配料，所得成品自然香郁。因此可推论李隆基会喜爱他的配方制作的墨，放在案头把玩。

带有荷花汁香的墨，想必容易引来苍蝇光顾。这该是前面故事里小道士出现的灵感来源。故事里对小道士在墨上的描述是"如蝇而行"和"如蝇行上"。那这锭能让苍蝇在上面游走的墨，大致是什么样子？

现存的唐代墨，有日本奈良东大寺正仓院所藏，标记为唐玄宗开元四年（公元七一六年）的贞家墨，可能是当时日本的遣唐使带回去的。墨的形状如小船，长宽厚是 29.6、4.9、1.9 厘米，相当可观。这还是在经过一千多年水分蒸发后的尺寸。这锭墨正仓院很少展示，在此只好转列一锭后世仿造，并伪称是明朝程君房所制者（图二）。墨呈牛舌形，比正仓院所藏的小。

## 六 墨助登基

现代应该没有人会相信，如苍蝇般的小道人会说话。但当时为何会流传这样的故事？是谁精心炮制的？又有什么样的动机？

事实上，当时围绕唐玄宗李隆基的类似神话还不只这桩。《山西通志》另有一则他在潞州时的神迹：蜗牛在他卧室墙上排成"天子"字样，涂去了，次日又来，连续三天；再加上《旧唐书·玄宗本记》里也提到，他在潞州算命时，算命用的蓍草竟然竖立起来而不倒下；又有黄龙白日升天、紫云在上等祥瑞征兆。都令人不禁怀疑，这后面是不是有什么特别目的？

有种说法，李隆基虽是显贵的皇亲国戚，但论辈排班，他离皇帝大位还有段距离，他的皇位是靠自己努力，政变夺权而来的。过程中，假借天命营造舆论，从而凝聚声势降服人心，在那民智未开、迷信当道的社会是有用的。因此把他墨上的香味所招来的苍蝇，转说成小道士，再加油添醋，制造一段天命所归的对话，还真是他夺权行动里，众多造神运动的高招。

前面提过，唐中宗韦后家族等猜忌李隆基当过皇帝的爸爸李旦，因而将李隆基外放到潞州。但随着唐中宗很快过世（一说被韦后毒死），政情顿然紧张，韦后为了避人口舌，虽然马上就立幼子为帝，但趁机摄政掌权、安插亲信，调军入长安，并封锁唐朝相王李旦的府邸，名为保护，实际上软禁监管。

李隆基警觉到时机危急，秘密部署并结盟他的姑姑——充满野心的太平公主，在唐中宗死后第二十天发动政变，一举铲除韦后、安乐公主与武氏集团，拥立父亲，自身也因功被立为太子，并在两年后得他父亲禅位，成为天子。

只是此时他皇帝的地位仍不稳，太上皇并没有完全放权，对他也不满，甚至想叫他离开京城出巡边疆，随后废除他。另外因他不是嫡长子，比他有资格接班的大有人在，于是野心勃勃的太平公主就利用这点，不时在太上皇面前中伤他，阴谋布局要把他拉下马。

估计就在这段时间里，李隆基的谋士为巩固他的支持者、震慑反对者、中立游离分子、争取向心者，精心为他炮制了包含龙香剂墨的天意神迹，说他就是真命天子，成功打了场宣传战。

这个故事的编排，有几方面还真巧富心思：

1. 墨里有小道士（而非和尚），呼应唐朝李氏自称道家老子后代的身份。

2. 当时他还是潞州别驾，墨精小道士就称他"万岁"，预告他的未来。

3. 小道士自称"龙宾"，显然是李隆基这条真龙制的墨所引来的贵宾。别人做的墨即使再大再美，门都没有。

说法用字浅显易懂，又带神奇性质。在那种年代，还真能愚民惑众，达到造神的目的。

但为什么这些天意神迹都发生在潞州？而不是在决战地点的长安？没别的，因为潞州离长安远，发生在那儿的事，一时之间难以求证。等到大功告成登基变成天子，更不会有人敢去寻根问底。

唐玄宗在公元七一三年七月，也就是他当皇帝十一个月后，再度发动政变，逼得他父亲太上皇李旦彻底放弃权力、与他作对的太平公主上吊自杀，党羽一一铲除，从此大权在握，做个名副其实的皇帝，这锭他手制的墨和相关的文宣造神可真与有荣焉。也难怪《天宝遗事》会记录他登上皇位之后，将手制的墨给群臣看，并为墨取名龙香剂，以印证他的成功，让群臣惊艳。而他手制的墨当然不会多，不可能送给群臣。

## 七 墨业新篇

意外的是，这段墨上神迹的文宣竟无心插柳，为制墨业开创新局。其一是因唐玄宗将他制的墨命名为"龙香剂"，开创了墨名用"龙"字的先例。后代制墨业攀龙附凤，牵引出一系列以"龙香剂"或"龙香"为名，或名字里带龙字的墨；其二则是因小道士的出现，让墨得以人格化，后人也跟着有样学样，赋予墨更多别名，丰富了墨名变化和相关的艺文佳话。

宋神宗年间有大制墨家张遇，用油烟，加入龙脑（中药称冰片）、麝香、金箔等成分，制出进贡的御墨，也叫"龙香剂"。不同的是，此时墨料配方已看不到芙蓉（荷）花汁。应是它有季节性，又不方便久藏。

到了元朝，苏州墨工吴善、江苏宜兴墨工李文远、江西墨工朱万初等，也都制有龙香墨供作御墨。大画家倪瓒有诗称赞李文远的墨，并指出他的墨已改用桐花烟——以桐花和桐木为原料所烧制的烟，而非传统的松烟[1]。

到了明清两朝，宫廷专为皇室制作的墨，多标上"龙香"；例如现藏北京故宫博物院的明朝宣德元年制的龙香御墨，"龙香"代表用料精选，制作严谨。至于民间制墨，当然也喜爱这个名字，并且制出其他带有龙字的墨，如骊龙珠、龙鳞云凤、苍龙液、龙门、墨龙髓等（图三），美不胜收。

而小道士和他说的几个名词：黑松使者、墨精、龙宾等，表明了它们与墨的亲密对等关系。后世制墨也就借用作为各式墨的别名。此外，有更多人受到玄宗这个故事的启发，为墨造出更多人格化的名称，如松滋侯、青松子、陈玄、玄香太守等，拉近墨与文人的距离，丰富文人对墨的吟咏（图四）。

## 八 小结

基于此，我们可把唐玄宗与墨的一些被时光所湮没的事迹，及其对后世制墨业的影响，串整如下：

1. 唐玄宗曾制墨，且将成品放在书桌上把玩使用。

2. 他自制墨的成品不多，因此相当珍惜。

3. 所制墨曾被用来假托天意，以利登基或坐稳帝位。

4. 他为墨命名的"龙香剂"，开创出后世的系列墨品。

5. 假小道士之言把墨人格化，从此带出许多墨的别名，对丰富墨业及日后的发展，有着很大贡献。

---

[1] 义兴李文远，墨法似潘衡。麋角胶偏胜，桐花烟更清。
紫云腴泛泛，玄璧理庚庚。安得龙香剂，霜枝写月明。

图三　骊龙珠、龙鳞云凤、苍龙液、龙门、墨龙髓墨

图四　松滋侯、黑松使者墨

借着揭开这段被尘封的往事，让我们对晚年萧瑟的唐明皇，可再寄以钦佩的眼光。也感谢他当年的无心或有心，日后对制墨业所造成的深远贡献。

明朝大文学家冯梦龙在《警世通言·李谪仙醉草吓蛮书》文章里有段话，描写唐玄宗时诗仙李白因通晓番文，在玄宗面前让宰相杨国忠为他捧砚，大宦官高力士为他脱靴，趁着酒兴畅写诏书①。冯梦龙特别描述当时所用的墨，就是"龙香墨"。遗憾的是，名传千古的龙香墨最后还是得随着皇朝不再而功成身退，化为历史的一段佳话、收藏界的瑰宝。

---

① 天子命设七宝床于御座之旁，取于阗白玉砚，象管兔毫笔，独草龙香墨，五色金花笺，排列停当，赐李白近御榻前，坐锦墩草诏……

## 第八章

# 见证明朝覆亡的贡墨

## ——无常

8

Chapter

公元一九一一年的辛亥革命，不仅推翻了清王朝，终结了两千多年的帝王专制，连带也让历史悠久的制墨业遭到重击。有两类墨从此走进历史：分别是御墨和贡墨。它们都是供皇帝用的，差别在御墨原是由宫廷内务府制作，或是外包给徽州的墨肆制作。一般而言，产量少些，流通在世的真品更少。

贡墨则分两类：一是例贡，由朝廷向产墨地摊派征收，再由当地官府一年分几次解送朝廷。如清朝时，徽州每年固定得上贡三次徽墨：春贡、万岁贡以及年贡。例贡墨一般只在正面题上歌功颂德的词语，如：太平雨露，光被四表，万年有道，天保九如等，且不须在墨上注明制作者的名称，以及制作年份。但事情总有例外，有些墨肆看准了这类墨广受欢迎，乃打上自家名号多造些，送到市场上来高价出售，既得名又获利。

"光被四表"墨（图一），就属这一类。光被四表，出自《尚书·尧典》："光被四表，格于上下。"用来形容君王的盛德善行，远播四方。墨的侧边标注"徽城汪节庵造"，正凸显它出自名家，有利销售。

这锭墨的背面，满布祥云纹饰，错综有序，生动自然，辉映主题墨名。它表示光来自于天，有流云相衬。墨正面上方嵌颗米珠（米粒大的珍珠），流露高贵之气。另在墨的顶端，标示有"超顶烟"，表示它的选料很精。整锭墨肌理匀称，烟细胶清，光滑润泽，不愧是名家的贡墨级产品。

另一类贡墨则是王公大臣委由名家制作，然后择时进贡给皇上。它的特征是墨上一定有个"臣"字；有些墨上甚至出现两个，但稀有少见。本来御墨和例贡墨的数量就够皇帝用了，然而臣下要表示忠心，或想讨皇上欢心，送金玉珠宝太俗气（不是贪官也送不起），送墨反倒不失风雅，而且花费不会太贵。且皇上若取用了，在翰墨之余略加把玩时，看到墨上的名字，关爱的眼神很可能随之而来，何乐不为？

因此大臣贡墨的制作，会比其他类的墨来得精细华丽，形制图案也多加讲究。再加上用料之精，锤炼之深，更是出类拔萃；都希望能引起皇上

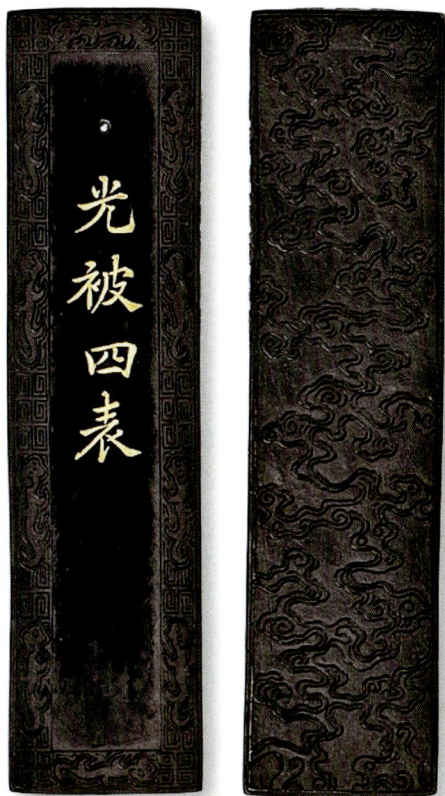

图一　汪节庵造"光被四表"贡墨

长宽厚 11.8×2.9×1 厘米，重 60 克。

的注意、欢心和垂怜。

现存刻有大臣名字的贡墨，多是清朝所制。清朝康熙皇帝时，由大臣张英所贡的"鱼戏莲"墨，以及郎廷极进贡的"天文垂曜"墨（图二）。两锭墨形制差不多，正面是歌颂文字或加大臣名，背面有相应图案。郎廷极的名字则是写在侧边，并附上其官衔为"漕运总督臣郎廷极恭进"。这两锭墨基本上还算朴实，没多铺陈，反映出康熙不重奢华的风气。（当然也有一个可能是，这些墨并非原制或原模后制，而是后仿品。）

无论是御墨还是贡墨，既与皇帝有关，就有些故事、轶事、趣事，乃至憾事可谈。以下来看一锭明朝流传的故事性十足的贡墨。

# 一 田弘遇贡墨

大臣署名进贡墨给皇帝，起源应该甚早，但目前看得到的，最早来自明朝，而且只有一锭。其他的不知是因年代久远未能保存下来？还是当年仍不够流行，进贡的不多所致？这锭仅存的，就是田弘遇贡墨，现藏北京故宫博物院。若非碰到特展，平日也难一见。还好在一些讲到墨的专书，如《中国文房四宝全集 1 ——墨》（故宫博物院张淑芬主编），载有此墨的相片。该书共列出八十二锭明朝的墨，但只有这锭墨清楚载明是由大臣具全名所进贡，可见其稀有珍贵。

这锭名为"墨宝"的墨是牛舌形（形制可参见一七一页之后仿品），约当现今智能型手机的大小，比例称手可爱。四周薄而向中间隆起，弧度均匀柔顺。墨除了有一面以楷书写"墨宝"两个大字，另一面上方是"进"字，右下方为"臣田弘遇"四个小字。表示这是大臣田弘遇所进贡的。墨上原来涂满金粉。可惜因年代久远，多已剥落。虽无复昔日风华，仍不失雍容高贵。

图二　清朝贡墨：鱼戏莲、天文垂曜

长宽厚 9.7×2.3×1.1 厘米，重 34 克。

墨的正背面之装饰纹样也很特别，它是种略微凸起的涡状卧蚕纹，两面各有约百个。每一个的线条都明显流畅，生动自然，像初生的小蚕蜷卧在墨上。整体而言，这锭墨气韵天成，质坚孤挺。表面光滑细腻、光泽盎然。张淑芬女士在书里称赞它"……纹饰古朴，工艺精湛，为世所罕见的珍品"丝毫不夸张。

由于此墨制作精细且保存良好，虽有些岁月造成的冰裂纹，却没有任何残缺崩坏。以历经近四百年风霜的手制古物来说，十分难得。这足以推论它出自名家，可惜墨上找不到它的制作年代和制作者标记。那凭什么说它是明朝的，是近四百年前的古墨呢？这就得从墨上的"臣田弘遇"来探讨了。


## ⬡ 因女而贵的丘八

田弘遇本来是个无名之辈，之所以会登上历史舞台，有点可笑，是靠女儿田贵妃，也就是明思宗（俗称崇祯皇帝）朱由检的宠妃。明史里对他的记载是"好佚游，为轻侠"，也就是交游广阔，喜欢摆排场、当大哥。他原籍陕西，后来在江苏扬州任千总，是个中下级军官。扬州因地处大运河要冲，是千年繁华之都，声色犬马，灯红酒绿。田弘遇冶游之余，与演艺传播（当时叫倡优）界的吴氏勾搭上了，于明神宗万历三十九年（公元一六一一年）生下田秀英。现今扬州东关街还有条著名的田家巷，据说就是当年田家所在之处。

田秀英从小聪明可爱，跟着妈妈学音乐舞蹈，还进琴棋书画等才艺班，样样学样样通。眼看要步妈妈后尘，进"演艺圈"变摇钱树时，没想到田弘遇突然被调到北京担任锦衣卫指挥，一家人的命运，从此发生大变化。

明熹宗天启七年（公元一六二七年），皇帝朱由校唯一的弟弟信王朱由检年满十八岁，要选妃成家。当时明朝为怕外戚得势，后妃都选自没权势的中等家庭，田秀英因缘际会，被选为信王妾。而选秀第一名当上王妃的周氏，也出身军人家庭，她父亲周奎当时是城南兵马司副指挥，算是田弘遇的同行。

本来作为藩王（清朝时称为亲王）的妾的父亲，是没太大好处的。但俗语说，运气来了，门板也挡不住。田秀英选上信王妾后没多久的同年八月，那位只喜欢做木匠的明熹宗朱由校驾崩了！他在位七年，离世时才二十三岁，没有任何子嗣。于是年轻的信王因血缘最近而接班，继位为崇祯皇帝。一人得道，鸡犬升天，王妃周氏封后，田秀英也因才貌双全，深获崇祯喜爱，被封为贵妃。田弘遇则父以女贵，晋身为国丈，被封为左都督。

这是个在明太祖时就设置的荣誉军职，官居一品，类似现今的一级（四星）上将，不掌实权，但却是武臣的最高位，在北京城里够他风光的了！随后他在任上享受荣华富贵，甚至运气好赶在李自成攻下北京前病死，时为崇祯十六年（公元一六四三年）底，逃过被李自成军的逼财拷打。而此墨必是在他生前所贡，故前面说这锭墨有近四百年历史，应该不差。

只是田弘遇一介武夫，靠着裙带关系，竟然天上掉下来大礼。从此享乐就好，为什么要附庸风雅送墨给崇祯皇帝呢？他图的是啥？他是单送这份墨，还是有其他更大更重的礼，此墨只是附带品？

## 三 南海酬香丰收，顺道订制墨

明朝中后期，武将的地位不高，倍受文臣打压。重要的军事行动，也都是文人挂帅，例如大家熟知的袁崇焕与洪承畴等文人督师辽东。这或许导致田弘遇想借送墨来表示他也通点文墨，自抬身价。然而只是送墨，即使再精美，以他武夫出身喜做大哥的习性，相信是拿不出手的。一定还有其他更贵重更夺目的礼物在他脑海中。墨，只是附带之物吧。

再来，他送礼给崇祯的原因和企图应不会单纯。前面说过，田弘遇喜交游、重排场，在北京城里该免不了奢华铺张，甚至胡作非为。以崇祯皇帝疑心病重，严防大臣的个性，就曾在听到他的恶行后大发雷霆，把田贵妃叫来狠狠训斥一番。田贵妃不得不严词告诫老爸要警惕收敛，以免全家波及受害。相信这会是他想要在崇祯面前做点公关的另一动机。

此外，田贵妃受宠，与周皇后的关系就变得很微妙。记载说她偶有恃宠而骄的冲撞。崇祯重礼法，也不太贪女色，因此田贵妃在崇祯十三年还曾被贬出所住的承乾宫，搬到位阶较低的启祥宫去反省思过。心情不好，加上那年八月，她为崇祯帝所生的七皇子产后不久就夭折。使得她从崇祯六年到崇祯十三年，前后七年间所生的四个小孩，皇四子到皇七子，除皇四子外，都没活下来。凡此种种，让田贵妃身心饱受打击，快速凋零。这一切看在田弘遇眼里，必然会觉得后台不稳。为长远打算，能不设法加强吗？

崇祯十四年（公元一六四一年），田弘遇获崇祯帝给假，奉旨到南海，也就是浙江普陀山观音菩萨的道场，进香祈福，顺便也祈求健康状况日渐衰退的田贵妃得以康复。他打着国丈的旗号，据说随行千人，浩浩荡荡经大运河往返。当时人的笔记说他一路收贿纳宠妾，劫财劫色，推测就是在此行经过所熟悉的扬州时，田弘遇透过在地徽商，订制了这款炫丽非凡、符合他铺张排场个性、带有暴发户味道的贡墨。崇祯十五年六月他回到北京后，连同其他搜刮的奇珍异宝、地方名产等特产、礼物，一并献给皇上。

在历史学家没找到他的礼单前，无从得知其他礼品。但可以深信的是，即使礼单上洋洋洒洒，但他的真正主打礼品却不在礼单上。更让人拍案惊奇的是，这份主打礼品竟然在无意中改变了中国的命运和历史的发展轨迹。主打礼品在造成意外后黯然随风消逝，而这锭附件的墨，却出乎意料存留下来，并成为明朝覆亡的见证者，令人唏嘘！

那田弘遇当年的主打礼品又是什么？

## 四 冲冠一怒为红颜的吴三桂

崇祯十五年春，田弘遇在南海进香来回路上，得到一位无耻之徒，也就是当时安徽凤阳总督马士英的帮助，买到国色天香，与董小宛、李香君齐名，并称秦淮八艳之一的陈圆圆。无从得知他当时是想要留给自己，还是献给皇帝？但就在六月回到北京后不久，女儿田贵妃却于七月十五日病死了。他痛失爱女伤心之余，还深有危机感，思忖该如何巩固自己的地位，重建在皇宫里的内应奥援？

田弘遇首先想到的是把田贵妃的妹妹、他的幼女田淑英送进宫填补遗缺。也许是田淑英容貌才艺都不如姐姐，亦或是因崇祯看到妹妹会有悲伤联想，第一案被打了回票。田弘遇不死心，急忙祭出压箱宝，把原来或许想留给自己的陈圆圆给推上火线。

根据当时由兵部代他呈上给崇祯帝的奏折，崇祯十五年十二月二十七日，他进宫报告南海进香之行，以及田贵妃病死后他的心境。估计之后不久，他就把陈圆圆送进宫中了。这位国色天香的绝世美人，才是他进贡崇祯的真正主打礼品。那锭贡墨，是微不足道，附件里的附件。

以他一介武夫之见，自古英雄难过美人关，崇祯皇帝得了国色天香，才艺不输田贵妃，又是年轻（当时刚十九岁）的陈圆圆，还不龙心大悦开怀笑纳，从而对他封赏有加？只是当时天下已乱，内有李自成、张献忠，外则受迫于清兵，烽烟四起，民不聊生，而众大臣多袖手旁观，崇祯焦头烂额。本就不太好女色的他，更无心于此。所以陈圆圆入宫后碰个软钉子，明眸皓齿无人惜，没多久就被崇祯退回。田弘遇无奈只得遵旨办理，又因献给过皇帝的，不敢纳作自己的妾，只能收为养女，另觅良机。果然，历史的诡谲，是不会放过这位倾国倾城的绝世佳人。

崇祯十六年春，前一年底就绕过山海关入侵的清兵，又到北京城外烧杀掳掠。山海关总兵吴三桂应诏带兵解围。他到北京时清兵已退，但崇祯可能是想树立榜样，希望其他将领以后奉诏救援京城时都能迅速赶到，于是五月十五日在武英殿赐宴吴三桂，并且赐给他尚方宝剑。一时之间，这位才三十出头，却掌控精兵猛将的吴三桂，成为各方争相拉拢的对象。

在他返回山海关驻地前，田弘遇抓住机会请他到家里欣赏自家歌舞团的演出。吴三桂欣然赴宴，演到一半，千娇百媚的陈圆圆婉转登场。这一下，天雷勾动地火，吴三桂当下就要定了陈圆圆，却因一时无法把她带回山海关（可能是因有据称善妒的大老婆张氏在，没疏通好前不敢冒失带回），只得让陈圆圆暂留北京。就这样阴错阳差，导致次年李自成攻陷北京时，陈圆圆来不及逃出被俘。从此演出吴三桂与李自成的恩怨情仇（金庸的小说《鹿鼎记》里有精彩夸张的描述），以及"恸哭六军皆缟素，冲冠一怒为红颜"的不朽大戏；并造成清军渔翁得利占领中国，吴三桂则成为汉奸的代名词，永不得翻身。这一切都是田弘遇当初构思运用陈圆圆时，万万想不到的吧！而这锭墨作为整个发展的"附件"，是幸或不幸？

# 五 铁狮子胡同田宅，孙中山在此病逝

至于这锭墨在被送进宫前，曾与陈圆圆共同停留过的田弘遇府邸，历史上另有它的地位，赫赫有名至今尚存。当然里面的房舍或已翻修改建多次了。

它位于元朝时北京就有的铁狮子胡同，旧名天春园。曾是明成祖朱棣时代英国公张辅的住宅。张辅是朱棣四次派往安南平乱的大将，明英宗时在土木堡之变里阵亡的忠臣。田弘遇成为国丈后，崇祯帝将这座园子赏赐给他，只是他刚病死，来年李自成的大顺军入京，崇祯自缢煤山，天春园就被李自成手下的第一大将刘宗敏给占用了。然而来不正，去也快，刘宗敏在此只住了一个多月，就因大顺军兵败山海关而西逃。

进入清朝的康熙十一年（公元一六七二年），陕西人张勇因平定吴三桂之乱有功，康熙封他为侯，还将天春园一并封赏。不知他入住后，有没有想起吴三桂当年在此的风流事？再到道光朝末年，一位姓醴丞的清朝官员买下这园子，改名为增旧园。他的后人在光绪二十七年（公元一九〇一年）还写下《增旧园记》，记述其变迁。

公元一九二一年，驻英大使顾维钧，偕同他出身华侨富商家的新娘返回北京，准备接任北洋政府的外交总长，先借住后购得此园，一时冠盖云集，夜夜笙歌。然而政局动荡，公元一九二四年第二次直奉战争，军阀冯玉祥倒戈政变，顾维钧辞外交总长后逃往天津，此园因而空置。

当年底，孙中山先生应北洋段祺瑞执政的邀请，北上共商国是。但抵达北京后不久，就因肝病发作被送进协和医院。检查发现已病入膏肓，医生束手无策，不得不出院并由家属好友考虑中医治疗。垂死之身，要住哪儿呢？

北洋政府安排他住的，就是这座园子。一九二五年二月十八日入住，但病情恶化，拖到三月十二日逝世园内。往后，汪精卫和蒋介石到北京时，不知是缅怀总理，还是慕名，都曾下榻此园。

对日抗战期间，铁狮子胡同一带成了日本在华北驻军的总部所在，由东京来的重要军政干部也多在此园停留。一九四〇年十一月底，衔日本天皇命来华北的特使，即贵族院（日本参议院的前身）议员高月保男爵，与佐贺贵族出身的乘兼悦郎中佐；在此一夜好眠后到附近遛马时，被我方情报人员刺杀，一死一伤，震惊日寇，大快人心。

解放后，此园曾供苏联专家入住。毛泽东、周恩来、刘少奇、朱德等都来这里参加过各式聚会，很长一段时间它都警卫森严，外人不得穿其门而入。如今则对外开放，内部也辟出孙中山先生逝世纪念地，供人参观凭吊。地址现为平安大街张自忠路二十三号。有机会到北京，建议抽空前往，可致敬孙中山，也追忆明末憾事。

## 六 墨出谁家？

欣赏田弘遇这锭贡墨，还得顺便探讨一下，它究竟出自谁手？

不像其他墨，这锭墨上没有任何制作者的信息。当时进贡墨给皇上不是什么大新闻，文献里不易有记载。只能试着从墨的本身，来推敲它的来历。

首先，从墨的质量、造型、饰纹、光泽来推断，产地应是徽州歙县。因为当时执制墨牛耳的徽州制墨有三大宗派：歙、休宁和婺源，各有特征。其中以歙墨的特征：摹古隽雅、烟细胶清、坚如石、纹如犀等，与此墨的古朴形制和超高质量最相符。当时在歙县有名的墨肆，有程君房、方于鲁、潘嘉客、程公瑜、潘方凯、汪仲淹、方瑞生、江正等多家。田弘遇会选上哪家？

以田弘遇喜铺张好排场的个性来看，相信他会找最顶尖、曾献墨给皇帝且获赞赏的墨肆。因此，程君房和方于鲁这两位当时制墨界的天王巨星，最可能被选上。他们的墨都曾获崇祯的祖父——万历皇帝的赞赏而名重一时，万历帝曾说程君房的墨"入木三分"；也常称赞"方于鲁墨"，使得方于鲁为此舍弃不用原名方大激。因此，田弘遇从他们两家之中来挑选，是很合理的。

只是那时两位制墨大师都已不在人间，所幸分别有儿子继承衣钵。更难能可贵的是，两位大师在生前就分别有《程氏墨苑》和《方氏墨谱》这两本图文并茂的著作留传下来。里面刊载了大部分他们制作过的墨之版画图样，无形中也显示出他们的制作理念和偏好。因此参考这两本书，或可找出田弘遇贡墨是谁制作的线索。

田弘遇贡墨上的一大特色，是满布涡状的卧蚕纹（或谷纹）。因此若能在他们的书里发现，谁比较喜欢在墨上布建这类纹饰，理论上谁就比较有可能是制作者。检视书后，发现刊在《方氏墨谱》的三百多个墨样中，在《国华卷》有"谷圭"，在《博物卷》有"浮玉""珥璧""杂佩""妙品"等多锭墨，都雕有许多卧蚕纹或相近的谷纹；而在《程氏墨苑》的五百多种样式里，却难找到多有此纹饰的。基于此或可推论，此墨是方于鲁墨肆所制。

图三里列出一锭"谷圭"墨，是后人依《方氏墨谱》里的墨样所制的朱砂墨。它有一面全部是卧蚕纹（谷纹），数目共一百七十个，也与墨谱里所记载相同。拿来跟田弘遇贡墨比较，是否有几分相近？

## 七 小结

李自成的大顺军在崇祯十七年三月十九日进入北京后，虽一度约束军纪，但很快就被出身贫困的将士抛诸脑后，烧杀掳掠。到了四月二十二日，大顺军兵败山海关后更是变本加厉。四月三十日撤出北京时，骡马车队满载搜括来的金银财宝，长达数里。据当时人的笔记，光是从大内所得库银，就有三千多万两，另黄金一百五十万两，其他珍宝财帛，无以数计。李自成离开时还下令放火烧紫禁城，凤阁龙楼九重宫阙，多付之一炬。好可惜啊！

但想不到的是，经此浩劫，本文的主角——田弘遇贡墨，竟奇迹式的

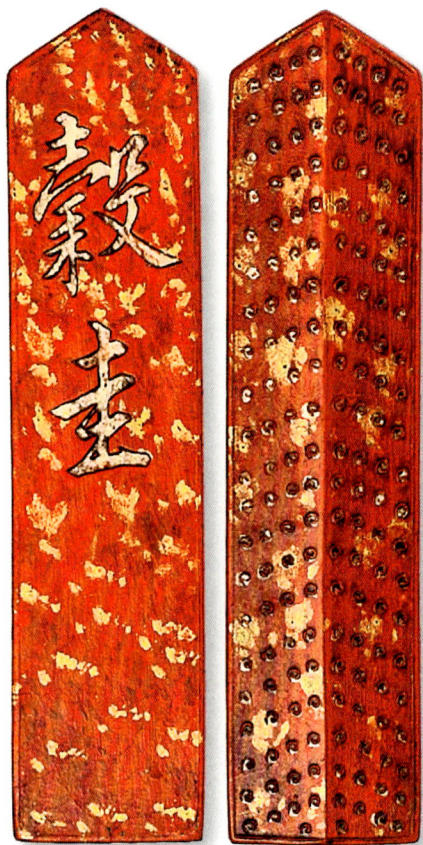

图三　谷圭朱砂墨

长宽厚 12.4×2.9×1.1 厘米，重 136 克。

留存下来。这应该是文房用具比较不值钱，大顺军看不上眼；也可能是没放在豪华宫殿中，没被大火波及。

往后时光荏苒，它依然完整无缺地见证清廷入主后的变化：乾隆帝曾把大内许多残缺旧墨磨碎用来制"再合墨"，此墨却有幸逃过；英法联军和八国联军两度攻进北京，曾火烧圆明园及在皇宫里掠夺财宝，它依然幸存；等到清廷退位，太监缺钱用时，看它不上眼没把它偷出盗卖；宣统皇帝被冯玉祥赶出宫带着宫中宝物离开时，此墨依然不受青睐。历经劫难，它终被收藏在故宫里供大众欣赏。对这锭曾经田弘遇、崇祯帝，甚至陈圆圆都可能欣赏把玩过的古墨而言，真是何其幸运啊！美人英雄今何在？遗墨无言犹自存。

最后，附上一锭可能是清末或民国初年仿制的田弘遇贡墨（图四）。它比真品稍为窄些，也算精美。与原件相比，最大差别在于原墨是通体涂金，且墨两面的"墨宝"和"臣田弘遇进"等字，都是凸起来的阳文；但仿品却减料变成阴识的字上填金，远不如正版来得华贵大方。好在仿品的形制、纹饰、光泽、用料、杵作、后制各方面，还都注意讲究，难能可贵。这仿品曾在二〇〇九年的拍卖场出现，成交价居然达人民币五万八千多元。是显示人们对田弘遇贡墨的喜爱，还是对它的遭遇悠然神往？

图四 （仿）田弘遇贡墨

长宽厚 13.7×5.5×1.5 厘米，重 112 克。

## 第九章

# 墨上有趣的官衔

## ——功名

9

*Chapter*

现代人的职称，不管是公家机关还是民间公司，都大同小异。像是公家常用的院长、部长、秘书长、处长、局长、主任、科长等，在民间大小公司也都经常可见。几乎所有的职称都以"长"这个字收尾，好像太单调了点。再说，你是院长，我也是院长，谁怕谁啊！

古时候对官员的称呼比较有意思。有个叫"司马"的官，管养马，它的职掌延伸为掌管军政和军赋（因军事需要而征收的税）；有叫"司寇"的，管抓强盗，也延伸为掌管刑狱、监察这些事情。这类官名随着朝代更替，演变得越来越文雅。到明清两朝，有些官名还有俗称，譬如说我们在电视剧里常会听到的"中堂大人"，正式官职里可没有"中堂"这种官，是怎么来的？

官名出现的地方，当然是官方文书和笔记小说里最多。其他像是匾额碑刻牌坊等歌功颂德之处，也常可见。但是在墨锭上出现，可想不到吧！这在明朝之前的墨锭上，几乎没看过。但是到了清朝，有了由文人发起订制，再交给墨肆制作的"文人墨"。它的出现，对墨的形制表现，带来新变化。

文人墨有别于一般墨肆的产品。它通常比较精美，有艺术设计，用料讲究。更有意思的是，它会刊上些人名，像是订制者的名字，有时还加上所赠送对象的大名。由于当时制墨的文人大都具有官职，于是有些当时响亮，但对现代人来讲有趣难懂的官衔，也会跟着出现在墨上。


# 一 制军森严营垒壮

这锭"袁制军奏疏之墨"（图一），淡净素雅简洁大方，所绘的花叶少见奇特。墨的主人无疑是袁制军，但"制军"可不是袁先生的名字，它是个官衔的别称。虽然看起来像是军队里的头衔，实际上"制军"是明清时

图一　袁制军奏疏之墨

正面写墨名，背面镂花叶，左下小字"子祥写"（指花叶是子祥所画），两侧分写"庚申年""琅贤氏"，
顶写"超漆烟"。长宽厚10.6×3×1厘米，重58克。

期最大的地方官"总督"的别称。之所以如此，大概是因总督可以节制辖区里的所有政经和军事吧！

在清朝大部分时间里，全国设有十八行省，但所设的总督数，连同功能性的漕运总督和河道总督在内，就只有十位。因此有的总督要管两个甚至三个省的事务，像是两江总督、两广总督。总督位高权重，尤其在太平天国战乱之后，清廷部分权力不得不下放，总督一职更是显赫逼人。

那这位袁制军会是何人？

脑海浮现的第一人选，无疑是袁世凯，他在清朝末年当过所有总督里排名第一的直隶总督，名副其实可被称为袁制军。只是我们得看看袁世凯当上直隶总督后的年份，是不是符合这锭墨的侧边写的"庚申年"。

有可能的两个庚申年，分别是一八六〇年和一九二〇年。然而袁世凯在一九一〇年底接替李鸿章出任直隶总督后，六年后就因短暂称帝失败，忧愤成疾而亡。这期间没有庚申年，因此他绝对不是墨上所称的"袁制军"。

好在虽不中亦不远矣！这位袁制军，事实上是袁世凯的叔祖父袁甲三，进士出身，淮军元老，在对太平天国和捻军的战争中为清朝立下战功。咸丰九年的庚申年，他被任命为漕运总督，负责南粮北运京师的重责大任，也因此赢得被称袁制军的资格。这锭墨想必是当时的部属为他制作，祝贺他晋升总督要职的礼品。墨顶上的"超漆烟"三字，说明了它的高质量；而制作此墨的"琅贤氏"，出自曹素功家族，名家所制，不是凡品。

袁甲三是河南省项城袁氏家族第一位博得功名的人，在家族里享有崇高的地位。据说袁世凯的名字，世字是依辈分排行，凯字就是因出生那天获知袁甲三战胜而取。日后袁世凯考不上举人，乃投效袁甲三的淮军旧部，随军到朝鲜竟立下大功，从此崭露头角迅速爬升。后来当上民国大总统，进而称帝却跌翻个大跟头病死，落得千古骂名。

总督的别称还有总制、军门、制台、督宪、制宪、部堂等，林林总总，都在称呼奉承他，你说神不神气！

## 二 观察入微中丞服

墨的名字能长到多少个字？很难讲。"清书法四家的墨"里，有锭"王文治先生闲临兰帖之墨"，墨名有十一个字，够长了吧！但还有更长到十三个字的"子城观察颂臣中丞华鄂联吟墨"（图二），让人大开眼界。

会有这么多字，主要是因里面有两位主角，以及他们各自的官衔："观察""中丞"。跟前面谈的"制军"一样，这两官衔也都是种别称。

"中丞"似乎和古时候的丞相（左丞相、右丞相）等，是同级的官，但有谁听说过中丞相？

如果对它觉得陌生，再来看看"巡抚"，该不会陌生吧！没错，中丞就是巡抚。清朝任命巡抚时，一般都会加上"都察院右副都御史"的兼职头衔，让巡抚可以像御史一样风闻奏事。而这兼职头衔在更早的时候又叫"御史中丞"，于是巡抚就自然别称中丞了。

至于"观察"，它的正式职称是"道员"。因为有个"员"字，似乎是个小官，好像跟现代的职员同等级。但可别小看它，清朝时道员的位阶，介于巡抚和知府之间，不容小觑。举例来看：清朝当台湾还隶属于福建时，最高的官员就是"福建分巡台湾兵备道"的道员，够呛吧！道员之所以别称观察，大概是因唐宋时期设有"观察使"一职，权力职掌与道员接近，于是借用这个雅称。

这锭墨上还有"华鄂""联吟"两个有意思的词。华鄂出自《诗经》，比喻兄弟友爱之意，联吟是用联句的方式来接替吟诗的文人雅集活动。

根据这些，再加上墨的另面所写"同治庚午年新安鲍肇元属苍佩室

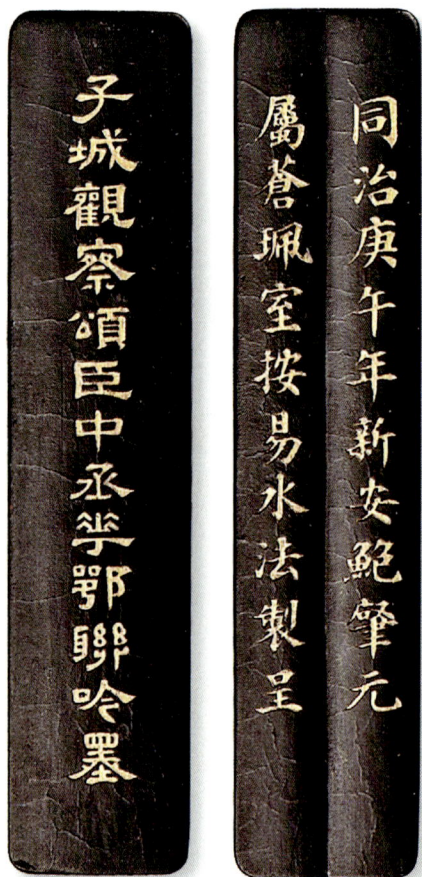

图二　子城观察颂臣中丞华鄂联吟墨

覆瓦形，面书墨名，背写"同治庚午年新安鲍肇元属苍佩室按易水法制呈"，侧写"徽州休城胡开文造"，
顶写"五石漆烟"。长宽厚 15×3.2×1.3 厘米，重 104 克。

按易水法制呈"的附记，可以推知，这锭墨上的"子城观察"和"颂臣中丞"两位大官，是兄弟关系。而在同治庚午年间，他们共同举办了一场联吟聚会。与会者之一的徽州人鲍肇元（想来是位下属），随后托胡开文墨肆苍佩室，按照易水的制墨古法，制作这锭墨来呈送给他们兄弟二人。

两兄弟的大名分别是卞宝书、卞宝第，在同治光绪年间，以非进士出身，但靠着自身努力，竟也闯出一片天，非常难得。哥哥卞宝书曾以随员身份参与《中俄天津条约》谈判，在第一线往复折冲，以夷（英法）制夷（俄），最后使该条约成为晚清政府唯一没有割地赔款的签约案例。弟弟卞宝第同样出色，从一个小小的京官刑部主事做起，敢于直谏，也勇于任事，操守清廉，最后官至闽浙总督兼摄福建巡抚、船政大臣、福州将军、陆路提督、福建盐政、福建学政共七项要职，人称"七印总督"。

至于制作这锭墨的鲍肇元，来自徽州歙县郊区的棠樾村。鲍家在当地是大族，至今还留有忠孝节义的牌坊群宗祠等，是到徽州时值得一游的观光景点。


## ❸ 宫保鸡丁犒有司

川菜里负盛名的宫保鸡丁，香嫩的鸡丁在花椒、红辣椒、花生等的伴炒下，色香味俱全，引人食指大动。但宫保是什么意思？怎会和鸡丁搅和在一起？

"宫保"也是官衔，同样不是正式职称，而是"太子太保"和"太子少保"的俗称。这个官衔的等级很高，所担负的责任，最早是要教导保护皇太子。不过后来却转变成一种荣誉头衔，专赏给有功的大臣。由于古时候太子是住在东边的宫殿里，因此太子又叫"东宫"，这一来就得出宫保的简称。

宫保和鸡丁会绑在一起，据说是因晚清的四川总督丁宝桢。他在山东巡抚任内镇压捻乱屡屡建功，朝廷特加封他太子少保，此后被称丁宫保。而他家的炒鸡丁做法特别，红遍大江南北，于是得到宫保鸡丁的雅称。

其实丁宝桢在当时最为人所称道的，并不是这道菜，而是他设法擒杀慈禧太后宠信的太监安德海一事。

安德海是在导致慈禧掌权的辛酉政变过程中，为慈禧立下大功的人。同治八年，他获慈禧首肯，顺着大运河南下，去江南为同治皇帝办理大婚要穿的龙袍。但一出北京就铺张招摇，搜括民间财富。当时任山东巡抚的丁宝桢，趁安德海经山东时将他擒杀，震惊朝野。俗语说：打狗看主人，丁宝桢却敢甘冒大不韪，而且让慈禧在事后还非得吞下这苦果，没找他麻烦。他的谋算胆识，连曾国藩、李鸿章都大表钦佩。只是没想到时至今日，真正让他流芳百世的却是宫保鸡丁这道菜。若泉下有知，他大概会哭笑不得吧！

再看这锭"子和宫保拜疏之墨"（图三），是子和宫保的同僚或下属所送，供他写奏章时用。子和宫保，是曾任闽浙总督的李鹤年，子和是他的字号。他与丁宝桢、曾国藩、李鸿章等人都在镇压太平天国或捻乱之际，因功在不同时间各自得到太子少保（或太子太保）的封号。同治十年（一八七一年）李鹤年被提升为闽浙总督，此墨上所载的同治壬申年，是同治十一年。

官至宫保，连房子也跟着沾光，可被称为"宫保第"。如今在台中雾峰就有一座，是清同治年间官至福建水陆提督，在与太平军作战时身亡，而被追封为太子少保的，雾峰林家子弟林文察的故宅，现在是当地重要观光景点。

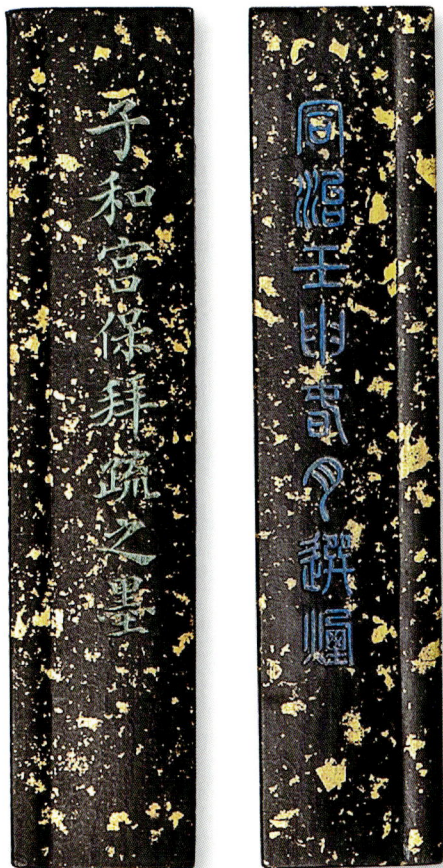

图三　子和宫保拜疏之墨

正面书墨名，背写"同治壬申春月选烟"，侧有"徽州休城胡开文造"，顶写"漆烟"。

长宽厚 15×3.2×1.3 厘米，重 100 克。

## 四 凯歌以还慰方伯

至于这锭形式典雅的"少山方伯书画墨"（图四），是光绪二十二年（一八九六年）由执制墨业牛耳的胡开文墨肆所制。只是墨名里的"少山方伯"，会是谁的阿伯？

"方伯"一词出现历史久远，可以上溯到尧舜时代的舜。据说舜把他的势力范围分为十二个区域，每个区域就是一方，各设一个方伯，伯就是"长"的意思。当时中央到地方的体系想必还很简单，官制不完备。因此方伯的意义，该是每个区域之中声望最高的诸侯。

只是到明清时期，方伯已变成非正式的职称，代表的是"布政使"这个官衔。这在一省里，是仅次于巡抚的大官，负责政令推动、财政收支、人事行政等业务。以现代的术语来说，就是第一副省长或常务副省长。以前谈过的乾隆朝巡台御史钱琦，之后就担任过江苏布政使一职。

至于本锭墨的少山方伯，想必少山两字是他的字号。因不知本名，还没能查出他的身份、家世、学历等更多背景，只有等日后看能否有所发现。

## 五 圣贤绝学使人悟

古老中国，一向重视教育。据说在上古时代舜的时候，就设有叫"庠"的官学。春秋时代，私人办学发达，像孔子的私学，就有弟子三千，教出七十二贤。此后除了在秦始皇时曾禁止私学外，一直都是官学私学并行。唐朝时科举制度具体出现，平民老百姓在私学受教育后，能通过考试进入官场，使得当官一事，不再是世族豪门的专利。

好奇的是，科举的门那么窄，在私学里有没有补习班出现？有没有补教名师月入数十万元？答案是否定的。这大概是因古人把教育学习当良心

图四　少山方伯书画墨

正面写墨名，另面写"光绪丙申年胡开文监制"。

长宽厚 10.5×2.5×1 厘米，重 48 克。

事业，想到能得天下英才而教，是多么神圣；而能传道授业解惑，又是多么清高。假如跟金钱铜臭搅混在一起，还能在天下立足吗？

教育界风气既然这么好，政府自然不须费心设教育单位来推动管理教育工作。直到宋朝，警觉唐朝末年以来的藩镇割据经验，变得特别重文轻武。为了鼓励人们进学，才首创在地方设置管理学务的专责官员。再到清朝，由于异族当家，思想工作更为重要，得让读书人紧守儒家所提倡的忠君，于是这个管一省学务的官可就越封越大，叫"提督学政"，简称"学政"。

学政一般由在皇帝身边待过的翰林学士或进士出身的京官担任。因曾受皇帝的教诲感召，想必更忠贞可靠。学政职责是主持地方考试、选拔秀才、督察各地学官等。地位在总督（制军）、巡抚（中丞）之下，与布政使（方伯）平行。工作不重但职位清高，且因是由京官出任，往往兼有钦差身份，令人向往。

"叔雨学使著书之墨"（图五）上的"学使"，就是学政的俗称。这位叔雨学使全名龚自闳，进士出身。光绪戊寅年（一八七八年）由安徽学政调任礼部右侍郎。此墨就是在他离任时，潘鼎立先生特制敬赠的。

潘鼎立是淮军将领，因出战太平天国有功，当上安徽皖南镇总兵，与安徽学政算是同事。徽州是他的辖区，订制墨特别方便。除了赠送龚自闳，潘鼎立当时的墨锭外交对象还有李鸿章、安徽巡抚裕禄，以及接任龚自闳任学政，后来官至军机大臣、兵部尚书（部长）的孙毓汶等多人。不料光绪十年（一八八四年）中法战争爆发后，他奉命赴广西前线，途经广东时旧伤发作死于军中，来不及见到他墨锭外交的开花结果。

## 六 祸福吉凶都转弯

再来看"筱初都转题诗之墨"（图六），大小形制和"少山方伯书画墨"

图五　叔雨学使著书之墨

面书墨名，背写"光绪戊寅春潘鼎立敬赠"，侧"徽州休城胡开文制"，
长宽厚 9×2.2×1.1 厘米，重 34 克。

完全一样，只是所题的字，也就是墨的主人和制造日期，有所不同。主人名是筱初都转，制于光绪癸巳年（十九年，一八九三年）。

我们知道"筱初"是人的字号，"都转"该是个官衔。然而，怎么会有这么好玩的官名？要转到那去？转到何时？

没错，"都转"是个官衔。它的全称是"都转盐运使司盐运使"，这个官职从元朝开始，设置在江苏、浙江、福建等七个产盐区，是统辖地方盐务的技术性官，主掌辖区盐民的生计、盐的运销、盐税以及盐的缉私相关事宜。

现代来看这个官，有点不可思议。因为盐既便宜，又到处买得到，那会需要专设个衙门来管？但要知道，古时候盐是由政府专卖的，在没机器大量生产的情况下，全靠老天爷赏脸。加上以前产盐区少，运往全国各地的交通工具又不发达，供应盐这个民生必需品，是政府的一大挑战，供应不及是会出乱子的。因此都转这个官，位虽不高，却是个肥缺。

清道光年间，两江总督陶澍上任时，属下的两淮都转盐运使司衙门送上礼盒。他打开一看，内附白银二万两。陶澍问是什么意思？回答说是总督应得的"赏需银"，是惯例上对总督支持盐务的报酬，但其实是种贿赂。只要是管得到盐务的大小官员，都按比例可得，可知主管盐政有多肥。但陶澍宣布不接受这种馈赠，日后并改革盐政，大幅增加国库税收。

筱初这位都转是何人？尚不得知。猜测他是那时的两淮盐运使，或两浙盐运使。因为他们的官府分别设在扬州和杭州，离徽州近，同僚下属要订制墨来奉承时，比较方便。至于他是清官还是贪官？留待以后再设法发掘。

# 七 小结

整体而言，载有官衔的墨并不多。之所以会出现，大多是徽州一带地

图六　筱初都转题诗之墨

正面书墨名，背写"光绪癸巳年胡开文监制"，
长宽厚 10.5×2.6×1.6 厘米，重 46 克。

位较高的官员，在就职或离职时，由同僚下属所订制赠送的。要是自己来订制，可千万不能打上官衔，否则会被认为是骄傲不谦虚，会遭众人耻笑。

本文开始，曾提到电视剧里多有称呼中堂大人的。"中堂"，也是个官衔的俗称，说的是"内阁大学士"。明朝时在文臣里是最高的职位，然而在清朝时却不掌实权，实权是在军机处手里。

但是为了要满足大学士在职级上的荣耀，往往也会让他在名义上管吏、户、礼、兵、刑、工六部之一。清朝时各部的尚书设有满人汉人各一，分坐于部办公室大堂的东西方，当中是空的。因此若管部的大学士到来，便会请他坐在中间，于是引申出大学士又称中堂。大学士李鸿章的李中堂之称，在清朝末年可是中外皆知。

这些官衔的称呼，虽然文雅，但终究不敌时代潮流，在民主的前提下，得换成易懂的某某长的称号。想来也是，名称好听，但若不会做事，又有何用？只是现今的大官，在平民化的称呼下，真变能干了吗？

## 第十章

# 朱熹与墨

## ——利市

10

*Chapter*

和朱熹在内地人尽皆知不同，我原以为在台湾省，除了读文史哲的，知道朱熹这位道学宗师的人不多。然而没想到，虽不多，却也不少。台北万华龙山寺的文昌祠里有他塑像；嘉义市有座奉祀他的朱子公庙，每年农历九月十五日朱熹诞辰时还有祭典。此外在各县市的孔庙和文昌祠里也多奉祀，到了考季，香火鼎盛。连孟子都没这种待遇！为什么会如此呢？

恰巧所收集到的墨里，有些跟这位被尊称为朱子的大儒相关，并且发现，徽州制墨业颇喜欢制作和朱熹相关的墨，让我们顺着这条线索来看。

# 一 生长在福建的徽州人：紫阳先生

主要的原因应该是，朱熹祖籍是徽州婺源。不过他一生只回过故乡三次，祭祖扫墓省亲，顺便会友讲学授徒，每次停留约两三个月。他真正视为"家"的，其实是福建的崇岳（今武夷山市）和建阳（今建阳市）一带。他生于斯长于斯甚至葬于斯，只在断断续续出外当官的几年，才离开这个家。即使如此，他当泉州同安主簿（县主任秘书）和漳州知府时，都还是在离家不远的闽南。

因为他在泉州漳州当过地方官，教化所及，让泉漳两地享有"海滨邹鲁"（意为海滨的文化昌盛之地）的称号。而台湾早期移民大多来自泉漳，很自然留存了对朱熹的崇敬，这也说明为什么朱熹在台湾省颇为热门。

朱熹家会在福建落脚，是因他父亲朱松由徽州被派到福建任职。朱松曾在徽州歙县城南的紫阳山上读书，因此到福建后，签名时就常用"紫阳书堂"代表，并将新家命名为"紫阳"。受到父亲影响，朱熹也把他的书房题为"紫阳书房"。之后学者就称他为"紫阳先生"，他的学派为"紫阳学派"。

他很重视教育，到江西九江任官，就重建白鹿洞书院；到了湖南长沙，又扩建岳麓书院；另外还先后创设讲堂，比如同安县学、武夷精舍、竹林精舍等。但都没有用"紫阳"来为书院讲堂命名。等他死后，随着他学术

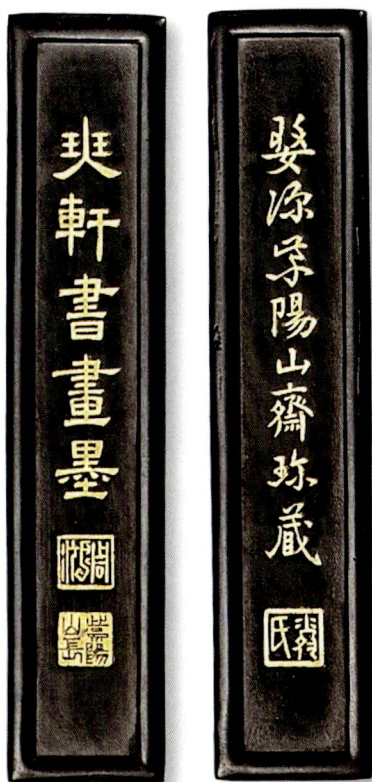

图一　琴轩书画墨

双面粗框，正面写"琴轩书画墨"，印"周鸿""紫阳山长"；背面行书"婺源紫阳山斋珍藏"，
长宽厚 11.5×2.4×1.0 厘米，重 41 克。

思想的传播，在同安、福州、漳州、歙县、武夷山、苏州、武汉，乃至偏远的贵州镇远，开始出现"紫阳书院"的名称。

朱熹的籍贯故乡当然也不例外。借着一锭墨（图一），我们可以认识徽州婺源的紫阳书院，和它在清朝时的一位校长。

这锭墨的墨质坚挺光润，没有纹饰雕琢，也乏诗词堆砌，显露墨主人的朴实个性。透过墨上的文字和印章，可推知墨主人是周鸿，他当时的身份是紫阳山长——婺源紫阳书院的校长，琴轩当是他的别号，而"琴轩书画墨"这五字相信是他的手笔。至于紫阳山斋，可能是他的书斋名。

婺源的紫阳书院，早在公元一二八七年元朝的时候就成立，原名"文公书院"，表明纪念朱熹，因为朱熹死后，宋朝皇帝追赠的谥号就是"文"。到了明朝嘉靖年间才改名为紫阳书院。周鸿是在乾隆五十三年（公元一七八八年）来担任书院的山长，现今还存有他所写的《婺源山水游记》，由紫阳书院在乾隆五十五年以活字排印出版，显示当时的紫阳书院颇具规模。书院一直到一九三一年才停办，除中间因战火几次暂停，历时六百四十四年。

## 二 影响朱熹的道学先驱

影响朱熹最重的道学先驱，是周敦颐、程颢、程颐与张载。以下就来看些跟这几位相关的墨。

### 1. 周夫子太极图说墨

周敦颐是北宋人，因为他写的《爱莲说》被编进部分地区的语文课本里，因此有很多人都知道他的名字。不过他会被朱熹视为道学的开山祖师，倒不是因这篇文章，而是因他表达宇宙生成学说的《太极图说》。朱熹为此特别写了《太极图说解》，并为捍卫此说而与学者陆九渊大打笔战。

这锭"夫子璧：周夫子太极图说墨"的墨质，粗看之下似乎一般。但由每个蝇头字的长宽仅约 2 毫米，却都还笔画清晰来看，墨质不会差。而墨上的印章显示这锭墨的原始制作者是汪尓臧。他是清代名制墨家汪近圣的长子，继承家学颇有名气。侧边写了"程君房制"，猜想是明朝的程君房墨肆曾制有这款墨，汪尓臧跟着仿制。

## 2．程夫子四箴墨

程颢和程颐兄弟合称"二程"，长期在洛阳讲学，是道学的奠基人。而朱熹的道学老师李侗，是程颐的三传门人，因此朱熹思想受到"二程"的影响很大。

以下三锭墨（图三与图四），都有程颐创作的《四箴》的全文或部分[②]。它的全文一百八十字，是根据《论语》中孔子回答颜渊问仁时所说

---

① 周敦颐的《太极图说》：

无极而太极。太极动而生阳，动极而静，静而生阴，静极复动。一动一静，互为其根。分阴分阳，两仪立焉。阳变阴合，而生水火木金土。

无极而太极。太极动而生阳，动极而静，静而生阴，五气顺布，四时行焉。五行一阴阳也，阴阳一太极也，太极本无极也。五行之生也，各一其性。无极之真，二五之精妙合而凝。乾道成男，坤道成女。二气交感，化生万物。万物生生，而变化无穷焉。

惟人也，得其秀而最灵。形既生矣，神发知矣。五性感动，而善恶分，万事出矣。圣人定之以中正仁义而主静，立人极焉。故圣人与天地合其德，日月合其明，四时合其序，鬼神合其吉凶。君子修之，吉；小人悖之，凶。故曰："立天之道，曰阴与阳。立地之道，曰柔与刚。立人之道，曰仁与义"。又曰："原始反终，故知死生之说"。

② 程子四箴：

视箴曰：心兮本虚，应物无迹，操之有要，视为之则。蔽交于前，
其中则迁，制之于外，以安其内，克己复礼，久而诚矣。

听箴曰：人有秉彝，本乎天性，知诱物化，遂亡其正。卓彼先觉，
知止有定，闲邪存诚，非礼勿听。

言箴曰：人心之动，因言以宣，发禁躁妄，内斯静专，久是枢机，兴戎出好，吉凶荣辱，
惟其所召。伤易则诞，伤烦则支，己肆物忤，出悖来违，非法不道，钦哉斯辞。

动箴曰：哲人知几，诚之于思，志士励行，守之于为。顺理则裕，
从欲则危，造次克念，战兢自持，习与性成，圣贤同归。

的："非礼勿视，非礼勿听，非礼勿言，非礼勿动"，从而发展出的道德戒律，朱熹对此颇为推崇。

图三的黑墨，是胡开文墨肆的产品，朱砂墨则是徽墨名家的曹素功所制，但细看后却有保留：因在听箴那一面的最后四个字，本应是"非礼勿听"，却写成"非礼易听"了，名家是不该出这种错的。

再看这锭精彩绝伦的圆墨（图四）。它的一面篆书"玄玉"两字，故暂称之为玄玉墨。它的粗框有发丝般的波纹和粗犷的云纹。内圆低陷约0.1厘米，分成三圈以中间一直线对开。各圈的钟鼎文字，作阴阳文相对，也分圈间隔。字的顺序，是从上以反时针方向，由外往内，内容是《听箴》全文，而制作此墨的，署名叶公诏。

叶公诏是徽州歙县人，清朝康熙时代的制墨家。这锭墨的设计令人惊艳；整体加边框加内圈，都有太极图的意涵：阴阳以对，虚实相间，完全无愧于所承载的道学文字《听箴》。制墨者的巧思用心，令人佩服。


# 3．张夫子西铭墨

张载是"二程"的表叔。他在关中的横渠镇讲学时，曾经在书院东西面的门墙上分别写上《贬愚》《订顽》两篇文章（都是改善愚顽者之意）来告诫学生。因此文章被程颐称为《东铭》和《西铭》[1]。其中以《西铭》最

---

[1] 张载的《西铭》：

乾称父，坤称母；予兹藐焉，乃混然中处。故天地之塞，吾其体；天地之帅，吾其性。民，吾同胞；物，吾与也。

大君者，吾父母宗子；其大臣，宗子之家相也。尊高年，所以长其长；慈孤弱，所以幼其幼；圣，其合德；贤，其秀也。凡天下疲癃、残疾、惸独、鳏寡，皆吾兄弟之颠连而无告者也。

于时保之，子之翼也；乐且不忧，纯乎孝者也。违曰悖德，害仁曰贼，济恶者不才，其践形，惟肖者也。

知化则善述其事，穷神则善继其志。不愧屋漏为无忝，存心养性为匪懈。恶旨酒，崇伯子之顾养；育英才，颍封人之锡类。不弛劳而底豫，舜其功也；无所逃而待烹，申生其恭也。体其受而归全者，参乎！勇于从而顺令者，伯奇也。

富贵福泽，将厚吾之生也；贫贱忧戚，庸玉女于成也。存，吾顺事；没，吾宁也。

图二　夫子璧：周夫子太极图说墨

正面镌双螭拱"夫子璧"；背面蝇头小楷《太极图说》全文 ① 256 字，盖印"尔""臧"，侧边写"程君房制"，顶有"古法顶烟"。长宽厚 9.8×2.3×1.0 厘米，重 36 克。

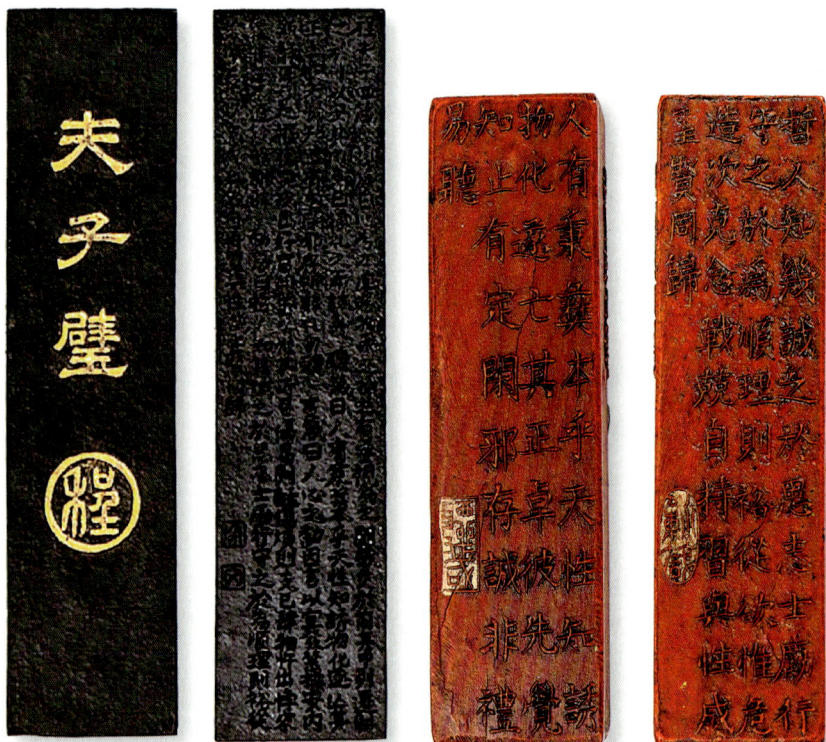

图三　夫子璧：程夫子四箴墨

黑墨正面隶书"夫子璧"，下图"程"字；背面蝇头小楷六行："程夫子四箴……"185字，印"开""文"；
顶写"顶烟"。长宽厚9.7×2.3×0.9厘米，重32克。

朱砂墨正面写"人有秉彝本乎……"32字，印"听箴"；背面写"哲人知几诚之……"40字，印"动箴"，
侧写"曹素功制"，长宽厚5.8×1.6×1厘米，重32克。

图四 玄玉墨

一面篆书"玄玉",另面写"人有秉彝本乎天性知诱物化遂亡其正卓彼先觉知止有定闲邪存诚非礼勿听仿古制叶公诏"。直径 9.5 厘米,厚 1 厘米,外框宽 1.6 厘米,重 100 克。

合程颐胃口，经他宣扬传讲，因此较为知名。

图五的"夫子璧"（张）墨，与图三的"夫子璧"（程）墨对照来看，大小型制可说完全相同。因为它们都是来自胡开文墨肆。不同的是它所写的《西铭》字更多更小，常见的"民胞物与"成语，就是来自此文。

张载另外还有四句话，可能比《西铭》流传的还要广，就是"为天地立心，为生民立命，为往圣继绝学，为万世开太平"。以前很多人家的客厅正中，都挂有这四句话的大幅书法。记得小时候我家也有，是父亲请于右任先生写的草书，当时是客厅里的唯一装饰。可惜日后几次搬迁，终不知到哪儿去了！

## 三 朱熹相关的墨

公元一二四一年，南宋的皇帝宋理宗下令，承认道学是国家的正统，南宋的朱熹，与周敦颐、"二程"、张载等四位北宋大儒进入孔庙陪祀。从元朝的一三一三年开始，历经明清的近六百年，朱子的《四书章句集注》成为中国科举考试的官方定本。但这一切，随着科举的陈腐而遭废除，已成过眼烟云。

倒是朱熹另一有关修身治家的短文，有人认为影响了明治天皇在一八九〇年所颁布的《教育敕语》的内容，间接促使日本富强并反过头来侵略中国。是不是非常讽刺？这篇有关修身治家的文章，就是《朱子家训》（不是明朱柏庐《治家格言》）。

## 1．朱子家训墨

"朱子家训"墨（图六）较前面几锭"夫子璧"墨，来得长、薄、轻，还更为朴素。墨的另一面以蝇头小楷写下《朱子家训》全文（中英文版超

图五　夫子璧：张夫子西铭墨

正面隶书墨名，下圈"张"字；背面蝇头小楷"张夫子西铭　干称父坤称母……"258 字；
长宽厚 9.6×2.3×0.9 厘米，重 34 克。

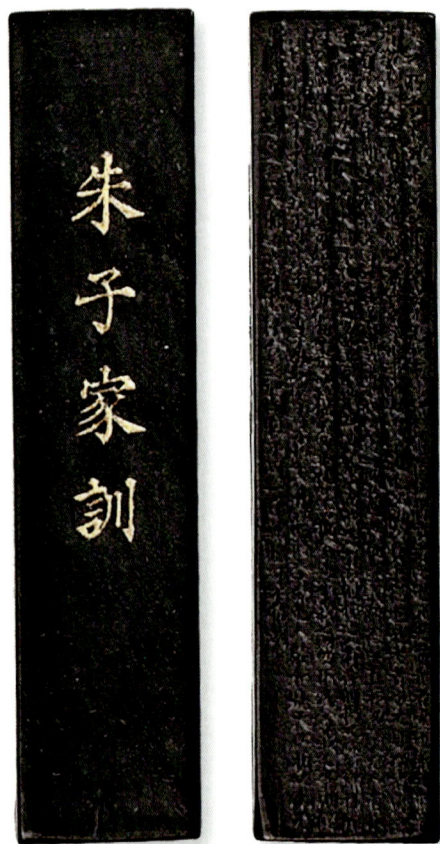

图六　朱子家训墨

正面写墨名，背面蝇头小楷"父之所贵者慈也……"317 字；侧写"徽州胡开文仿古法制"。

长宽厚 10.3×2.3×0.8 厘米，重 30 克。

链接如注释）①。字数（三百十七字）比夫子璧墨的多，因此每个字更小，

---

① 朱子家训 | The Family Instructions of Zhu xi（http://zhu.10000xing.cn/2011/0311084924.html）

君之所贵者，仁也。臣之所贵者，忠也。（What rulers should cherish is being humane, and what officials should cherish is being loyal.）

父之所贵者，慈也。子之所贵者，孝也。（What parents should cherish is nurturing the young, and what children should cherish is revering the family.）

兄之所贵者，友也。弟之所贵者，恭也。（What elder siblings should cherish is being amicable, and what younger siblings should cherish is being respectful.）

夫之所贵者，和也。妇之所贵者，柔也。（What husbands should cherish is being harmonious, and what wives should cherish is being tender and gentle.）

事师长贵乎礼也，交朋友贵乎信也。（In service to teachers and elders, we should accord with ritual propriety, and in interactions with friends, we should value trust.）

见老者，敬之；见幼者，爱之。(View the elderly with respect; view children with love.)

有德者，年虽下于我，我必尊之；不肖者，年虽高于我，我必远之。（Honor virtuous people even if they are younger than we are; keep our distance from worthless characters even if they are older than we are.）

慎勿谈人之短，切莫矜己之长。（Be careful not to gossip about others' weaknesses, and don't be eager to display your own strengths.）

仇者以义解之，怨者以直报之，随所遇而安之。（Use what is fair to reconcile with a foe, use what is upright to respond to those with resentments, and according to the responses we encounter, make peace with them.）

人有小过，含容而忍之；人有大过，以理而谕之。（With tolerance, endure those who make small errors; with reasoning instruct those who make big mistakes.）

勿以善小而不为，勿以恶小而为之。（Do not avoid doing a good deed even if it seems trivial, and do not commit an evil act even if it seems small.）

人有恶，则掩之；人有善，则扬之。（Gloss over people's vices, and propagate their virtues.）

处世无私仇，治家无私法。（Regulate social affairs without personal enmity; manage household affairs without personal favoritism.）

勿损人而利己，勿妒贤而嫉能。（Do not benefit oneself at the expense of others, and do not envy the worthy or become jealous of the capable.）

勿称忿而报横逆，勿非礼而害物命。（Do not let anger be an excuse for responding unreasonably and rebelliously; do not irreverently harm living things.）

见不义之财勿取，遇合理之事则从。（Do not acquire wealth that does not accord with what is fair; when you encounter equitable opportunities, follow principle.）

诗书不可不读，礼义不可不知。（The Classics of Poetry and History must be studied, because what is proper and appropriate must be discerned.）

子孙不可不教，僮仆不可不恤。（Children and grandchildren must be instructed; workers and child servants must be treated compassionately.）

斯文不可不敬，患难不可不扶。（This culture must be respected, and hardships must be shared and alleviated.）

守我之份者，礼也；听我之命者，天也。（It is through propriety that we preserve our share; it is through the Heavens that we heed our destiny.）

人能如是，天必相之。（If people are able to comply with all of these precepts, the Heavens will surely assist them.）

此乃日用常行之道，若衣服之于身体，饮食之于口腹，不可一日无也，可不慎哉！（Just like clothes for our bodies and food for our digestion, these daily ethical practices must not be neglected even for a day, so we must be prudent and diligent!）

但若仔细看，会发现字即使变小，却刻得更好。

《朱子家训》简洁精炼涵盖了个人处在家庭和社会中，应该承担的责任和义务。文句工整对仗，言辞清晰流畅，使它具有极强的感召力和深厚的人生智慧。

不过这锭墨刻的《朱子家训》有个奇特之处，就是它以"父之所贵者，慈也。子之所贵者，孝也。"这两句话来开头，而不像原文是以"君之所贵者，仁也。臣之所贵者，忠也。"起始。为何如此安排？不知。但由此猜想这锭墨应该是在民国成立后所制，否则没把君臣大义放在第一位，在封建时代是会杀头的。

## 2．朱夫子读书乐墨

前面提过，朱熹喜欢办学。他居家任官各地，都不断重建扩建兴建大小书院，还亲自讲学论学辨学，终生不悔。这么热衷，他图的是什么？官位？名声？财富？学派？

以他创作的《四时读书乐》[1]这首诗来看，可能以上皆非。他是真

---

[1]　朱熹《四时读书乐》

《春》

山光拂槛水绕廊，舞雩归咏春风香。好鸟枝头亦朋友，落花水面皆文章。

蹉跎莫遣韶光老，人生唯有读书好。读书之乐乐何如？绿满窗前草不除。

《夏》

修竹压檐桑四围，小斋幽敞明朱晖。昼长吟罢蝉鸣树，夜深烬落萤入帏。

北窗高卧羲皇侣，只因素谂读书趣。读书之乐乐无穷，瑶琴一曲来熏风。

《秋》

昨夜前庭叶有声，篱豆花开蟋蟀鸣。不觉商意满林薄，萧然万籁涵虚清。

近床赖有短檠在，对此读书功更倍。读书之乐乐陶陶，起弄明月霜天高。

《冬》

木落水尽千岩枯，迥然吾亦见真吾。坐对寒窗灯动壁，高歌夜半雪压庐。

地炉茶鼎烹活火，心清足称读书者。读书之乐何处寻？数点梅花天地生。

（有人认为，上载的四时读书乐诗，是南宋浙江仙居的高士翁森所作，但在康熙年间被张冠李戴。究竟如何，不是本文讨论范围。）

正享受到读书之乐，而希望读书人都能涵泳其间。以前皇帝宋真宗所说的书中自有千钟粟、黄金屋、颜如玉等，在他都如过眼烟云，弃之如粪土吧！

这锭墨（图七）是胡开文墨肆（另名苍佩室）以朱熹为主题的又一杰作，文章与图表现的是冬天读书之乐："读书之乐何处寻？数点梅花天地生。"是否也帮春、夏、秋季也制了墨？目前还没收集到，但相信应该有。

## 3．朱子批鉴著书之墨

跟许多怀才不遇的艺术家差不多，朱熹的学术成就在他生前并未给他带来多大好处。官位不大，皇帝宋宁宗从来没器重过他，甚至还在掌权宰相的操弄下，把他的学问打成"伪学"，他本人被斥为"伪师"，学生被斥为"伪徒"，并规定凡是"伪学"中人，一律不能做官。不知是否因此心情恶劣，烦闷难消，没几年，朱熹以七十一岁之龄过世了。

然而真正有才华的，死了也不会被埋没。梵高不也如此？先是皇帝赐给他"文"的谥号，这对宋朝的文人言，非常尊崇。不但恢复他的名誉，后世也因此尊称他为"朱文公"；另外随着道学的蓬勃发展，后继的皇帝也追封他为"徽国公"。这些举动，成就了下面的墨（图八）。

这三锭墨各有不同，但都可称为"朱子著书批鉴之墨"。两锭较大的墨是徽州胡开文所制。比较娇小的是曹素功的产品，且原料是"五石顶烟"，代表它的墨质要比前两锭好，细较之下，也确实如此。而且这锭墨很罕见地把朱熹谥号和封号用在一起，成了"宋徽国文公"，最前面用了个"仿"字，是表示朱熹用过一锭其上有"流芳百世"字样的墨？还是曾经有过一锭"宋徽国文公朱子著书批鉴之墨"？

图七　朱夫子读书乐（冬）墨

正面写墨名，小字"木落水尽千岩枯迥⋯⋯"56字，方印"开""文"；背镌学子读书，左上"冬"字；侧
写"光绪十年苍佩室按易水法制"。长宽厚12.9×2.8×1厘米，重56克。

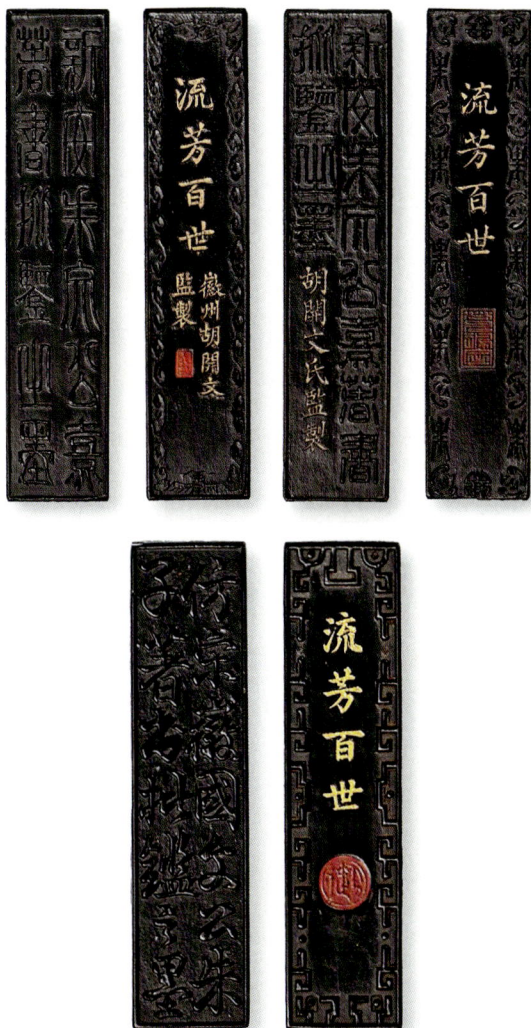

图八　朱子著书批鉴之墨

左上墨一面写"流芳百世"，下有"徽州胡开文 监制"及"义记"长印（是胡开文分店－义记出品）；另面
写"新安朱文公熹著书批鉴之墨"，边框饰云纹。长宽厚 12.7×2.7×1.1 厘米，重 58 克。

右上墨与左上墨相近，唯"流芳百世"下长印写"苍佩室"，"胡开文氏监制"移至背面，
使其他字变短，边框饰以寿字。

下墨一面写"仿宋徽国文公朱子著书批鉴之墨"，另面"流芳百世"下"御"字；侧写"徽歙曹素功正千氏
监制"，顶有"五石顶烟"。长宽厚 9.3×2.2×1.1 厘米，重 34 克。

# 四 小结

二程和朱熹一样，祖籍都是徽州，因此徽州制墨业对朱熹和"二程"特别热爱。不仅如此，道学在徽州的发展，也因他们而格外兴盛，形成所谓的"新安理（道）学"。这样一来，与文人来往密切的制墨业，在销路看好的情况下，当然会多造些和他们这些道学家相关的墨了。

只是在西学强势进逼中国后，道学很快就从读书人的学习里退出。如今朱熹主要是存活在他的后代心目中。二〇一〇年，东南亚六国朱氏公会联合马来西亚当地华人团体，邀请中国大陆和港澳台代表到马来西亚首府吉隆坡联办"纪念朱熹诞辰八八〇周年东南亚庆典"，并且建立号称世界最大的中英文对照"朱子家训碑"，英文译者是田浩教授。他是好友田亮的父亲，著有《朱熹的思维世界》一书，借由朱熹与道学（理学）同道往来的记载，探讨他的思想演进，继述朱熹的学说，这也算是"德不孤，必有邻"吧！

## 第十一章

# 墨上的搬文弄武

## ——向往

11
*Chapter*

古时候的文人，是社会的精英，往往自命不凡。于是在国家遭逢危难时，常会发出像"投笔从戎，马革裹尸""谈笑用兵，横槊赋诗"这样大气磅礴，又带点浪漫气息的言语，令人敬佩和充满期待。

这本是桩好事，但当他们背负国人和朝廷的期望，豪情万丈之余，是否真有本领克敌杀贼？

这种例子，各个朝代都有，清朝下半期似乎更多。应该是当时外侮内乱接踵而来，变局太大，有志之士无法置身事外。而这些文人接触到刀光剑影后，免不了自我陶醉，甚至自我膨胀。以下介绍的几锭墨，多少带有这种性质。

## ⚫一 草檄墨

檄，是古代官府用来征召或声讨的文书，用现在的话说，就像动员令或者战书。因此，草檄是指起草"檄"这种文章，就是草拟战书。历史上最有名的一篇檄文，你可能在有关武则天的电视剧里听过，是唐朝骆宾王写的《讨武氏檄》。

当时因武则天当女皇帝，徐敬业在扬州起兵讨伐，由骆宾王起草这篇战书。文章读起来响当当，直指武则天的各种罪行："人非温顺，地实寒微……狐媚偏能惑主……残害忠良，杀姊屠兄，弑君鸩母……"据说武则天听到这篇文章时，也很佩服，认为朝廷失职，没能重用骆宾王。

有这动人的先例，使得古人喜欢借"草檄"二字，来颂扬自己或好友文武双全。于是引出了"草檄"墨。

这锭雨峰先生草檄著书之墨（图一），整块墨包覆漆衣，光洁亮丽；加上两面的细回纹饰边，华贵大方，简洁中散发出庄严的光辉。

由于古时候没有人自称"先生"，因此敢说，这锭墨是雨峰先生的朋

图一　雨峰先生草檄著书之墨

正面书墨名，背面写"选无上品烟遵十万杵法"，两侧分写"道光庚子年""古歙汪节庵"。

长宽厚 14.4×3.4×1.3 厘米，重 102 克。

友，在道光庚子年（道光二十年，公元一八四二年）订制送给他的，制墨家是徽州歙县负盛名的汪节庵。墨背面的“选无上品烟遵十万杵法”，说明它所选用的烟料和制作时的工艺，都是最高级最严谨的，使得这锭墨的身价不差。二〇一二年底在上海一场拍卖会里，成交价为人民币四千六百元（约合台币二万三千元），其他拍卖会还曾标出更高的价格。

不过，多次拍卖会对这锭墨的说明，都略过墨名所记载的雨峰先生。最多只说以“雨峰”为号的人很多，无法确定是那一位。但由于从墨可以观察到，雨峰先生在道光二十年已有名气：他曾经或即将经历战争（才会草檄），以及他与徽州歙县可能有地缘关系等。经过仔细搜寻，浮现出陈阶平的名字，道光二十年他在厦门担任福建水师提督，抵抗来犯的英军。

陈阶平的别号正是雨峰。他是安徽泗州（现为泗县）人，因家庭贫寒，很早就去当兵。从小兵做起，苦干实干逐步爬升，六十岁后竟升到提督，成为军区司令。这锭墨上所载的道光庚子年，正是第一次鸦片战争爆发那年，他以七十四岁高龄，事前在厦门布防备战得当，挡住英军的轮番攻击，没有丢失寸土。英军不得不放弃厦门北上，进攻浙江和天津得胜，最后导致清廷签下屈辱的南京条约。相形之下，陈阶平的获胜实在可贵。

陈阶平虽是小兵出身，却自修苦学，到后来给皇帝的奏章都自己写。还出版一本《紫琅合稿》，叙述江苏南通的狼山景色，及他与文人的唱和诗作。这锭墨，很可能是在他备战或战胜英军时，友人订制送给他的。由他的生平来看，配得上文武双全。所以墨上面说他“草檄著书”，他当之无愧。

再看另一锭“竹庄主人草檄之墨”（图二），它形状特别，像臂搁一样，墨名写在背面，墨色黝黑带有光泽，闻起来有幽香。可能因墨形特别，侧面狭窄且顶端不规则，以至于没有关于制作者、制作时间和烟料质量的文字。好在竹庄主人不是无名之辈，我们很快就找出相关信息。

竹庄主人吴坤修是江西人，因科举考试不顺，只好捐钱得个从九品的芝麻小官，分发到湖南湘阴。没两年太平天国起义，在围攻省城长沙时，

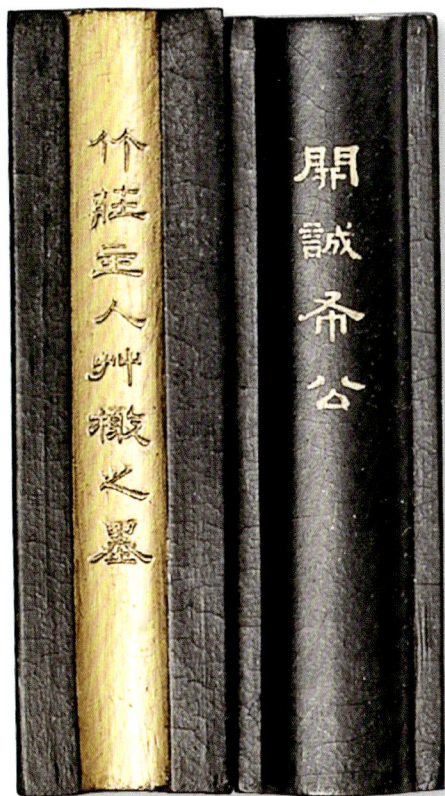

图二　竹庄主人草橪之墨

正面涂金凹弧内写墨名；另面写"开诚布公"。长宽厚 10×2.8×0.9 厘米，重 32 克。

他参加守城有功，开始崭露头角。随后成为曾国藩湘军的主力大将之一，转战江西安徽湖北各处，出生入死，多次解救曾国藩，还在朝廷发不出军队的钱粮和薪水时，把家财都捐出来帮助发饷。

太平天国灭亡后，他被封为安徽布政使（类似常务副省长），还一度代理安徽巡抚。从县里面的小官到省长般的巡抚，都是血战太平军换来的。他最后病死在安徽布政使任上。这锭墨应该是在他对抗太平军时所订制。

藏墨大家周绍良的《蓄墨小言》里，提到跟这锭墨同名，但形状不同的另一锭墨。它是常见的扁长方形，两面的文字跟这锭墨完全相同。此外，它两侧分别写有"咸丰十年又三月"和"海阳苍佩室选烟"。海阳是徽州休宁县的古名，由于咸丰十年（公元一八六〇年）吴坤修曾多次血战太平军于徽州一带，因此可合理的推论，图二里的墨，也是咸丰十年委制的。由于它形状特异于周绍良书中所载，令人怀疑它不是胡开文苍佩室所制，而另有行家。

吴坤修的书法好，至今安徽省许多古迹名胜都能看到他的题字。他的对联也颇有名，加上还留下些著作，他这"草檄之墨"，名正言顺，毫不夸张。

## 二 磨盾墨

"磨盾"这两个字在现代也消失了。它的原意是在盾的把手上磨墨，好来草拟檄文。因此，在军中从事文书工作，也可被称为磨盾。如同现代人说当兵是在数馒头，古代文人会说在军中是在磨盾。

来看图三这两锭墨，"咏春磨盾墨"正反两面的字较奇特，是少见的篆书古砖文，"泾阳中丞治兵新安幕府同人草檄之墨"正面是篆书，背面则写隶书。后者应该列入前面的草檄墨啊？为什么放在此处？这样做是

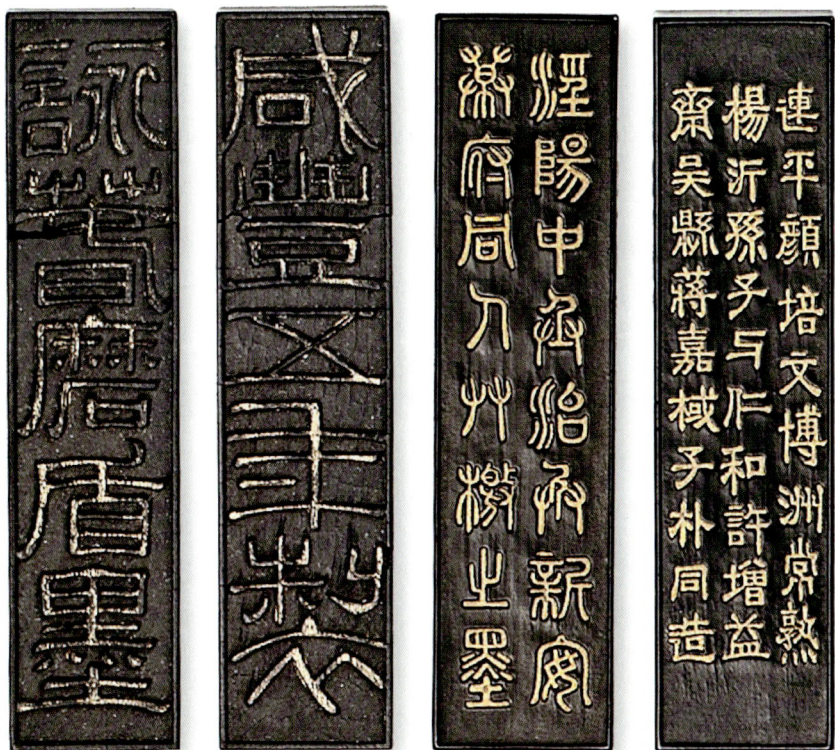

图三　咏春磨盾墨（左）、泾阳中丞治兵新安幕府同人草檄之墨（右）

正面写墨名，背面写"咸丰五年制"，俱古砖文。长宽厚9.9×2.4×1.1厘米，重34克。

正面写墨名，背面写"连平颜培文博洲常熟杨沂孙子与仁和许增益斋吴县蒋嘉械子朴同造"。侧面"咸丰九年汪近圣造"。长宽厚9.5×2.3×1厘米，重34克。

有原因的。

两锭墨素雅大方，扁长的形状，平易常见。亮点在它们的书法，因为都来自大名鼎鼎的书法家杨沂孙。他的篆书字帖，是学篆书者的必备；他的篆书条幅，动辄数万元人民币。只是他怎么会跟兵家之事扯上关系？

杨沂孙是江苏常熟人。从两锭墨上的年代来看，咸丰五年（公元一八五五年）他在磨盾；咸丰九年，他在一位泾阳中丞于新安治兵的幕府里工作。这位泾阳中丞是谁？新安又在哪里？治什么兵？

清朝时称呼大官，通常不直接称他的大名和官衔，而是用他家乡名代替人名，如李鸿章家乡是合肥，因此"合肥"指李鸿章，"南皮"则是指张之洞。至于官衔，像清宫剧里常见的"中堂"大人，就是官拜"内阁大学士"者，总督别称"制军"，巡抚称为"中丞"，不这么称呼还会被鄙视。

泾阳中丞，指的是来自陕西省泾阳县的巡抚张芾，他在咸丰初年担任过江西巡抚，所以有此尊称。咸丰四年到十年之间，张芾在安徽南部一带与太平天国军苦战，指挥部设在古名新安郡的徽州府。杨沂孙就是在这期间进他幕府效力，而墨里所列出的几位，是那时候的幕府同仁。

杨沂孙是书法家、金石文字学家，因缘际会得以参与兵家大事，而且就在充满人文气息的徽州，使得他能结合地方资源，订制草檄墨和磨盾墨等。《蓄墨小言》书中，还谈到更多他的墨，如"将军杀贼纪功墨""濠观墨"等，为他的生平留下精彩的脚注。

另外，有"磨盾"字眼的墨，还找到："以湘磨盾之墨"（同治七年造）、"磨盾余馨墨"及"莲舟磨盾胜墨"等，可惜作者出处都难以确定。


# 三 兵器图案的墨

由于墨本身就象征"文"，因此有人在订制墨时，可能想不需要用草檄和磨盾这些词来强调他"能文"，只要设法表现他也"能武"即可。于是兵器图案被选上，丰富了墨的设计变化。

《蓄墨小言》里谈到有位王庆三先生的墨"咸丰五年云间王庆三从军新安时所制墨"，一套四锭，每锭墨名相同，只是有的改为咸丰六年或七年；字体分别为隶书、行书、篆书、行楷；每锭墨的背面各自有它的图案：双笔、宝剑、军旗、弓箭。分别看，没什么特别。但合起来成了"笔剑旗弓"，暗喻"必建奇功"，十分有趣。

王庆三制墨的时间与杨沂孙墨差不多，只是他可能生性更淡泊，以至于他的墨被收藏后，却找不出他身份来历。不过他终究因有这套墨而得以留名。

或许是受到王庆三墨的启发，有更多的兵器图案墨出现。而在王庆三的各锭墨里，还只有单一图案的单调设计，在这些墨里也被补强。

先看这锭图绘有矛、盾牌、苇帽及交叉双笔的墨（图四），象征文武合一。墨主人是谁？"仲毅"是关键，从而查到郭昆焘，湖南湘阴人。想到晚清有位名人郭嵩焘，湘军元老当过巡抚，也是清朝第一位出使英国和法国的公使。没错，郭昆焘正是他的弟弟。

郭昆焘没考上进士，之后历任多位湖南巡抚的幕府，前后二十多年不是正式官员。然而这期间无论是战略的运筹帷幄、后勤军饷的补给，乃至涉外教案的处理、一般政务的推动等，他都帮巡抚解难立功。太平天国动乱时，他也受到曾国藩赏识，受邀进入湘军。曾国藩、左宗棠对他非常推崇，连郭嵩焘也不避嫌称赞他这位弟弟，认为湖南在太平军之乱时，得以一省之力撑起东南大势，郭昆焘出力最多[1]。

郭昆焘墨除了在图案上表现出文武合一、更形活泼，还透露出他以

---

[1] 郭嵩焘称赞郭昆焘说：自湖南始被兵，迄粤匪（指太平军）之灭十余年，以一省之力，支柱东南大势，君之力为多。

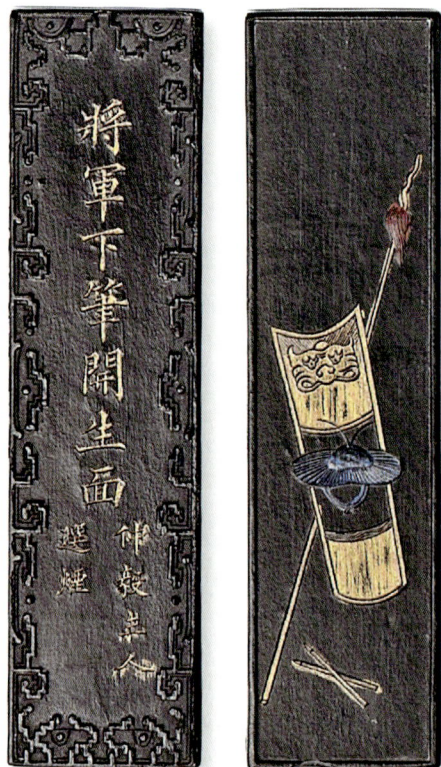

图四　郭昆焘墨

正面几何纹饰边，内书"将军下笔开生面"，下题"仲毅主人选烟"，背面镌红缨蛇矛，悬苇帽盾牌，交叉双笔，象征文武合一。侧边有"徽州胡开文按易水法制"，长宽厚12.9×3.2×1.25厘米，重91克。

大将军自诩的豪气。墨面上的"将军下笔开生面"出自杜甫的诗《丹青引赠曹霸将军》[①]。曹霸是唐明皇的画师，因画艺精湛而被封为左武卫将军。郭昆焘引用这句诗似乎暗示：以他的才华贡献，应该也可以位列将军吧！

由于墨上缺制作年份，我们很难说是郭昆焘首创这文武合一的图案。因至少有些他人的墨，图案相似。其中之一是曹端友制的"好整以暇"墨（图五），同样没有制作年份。

从图面上看，两者的设计与风格一致。唯一出入的是在兵器图案上多了一句话："上马持戈矛，下马草露布，传永句"。传永不知何许人，这句话也不特别，加上去有画蛇添足的感觉。

曹端友在制墨界小有名气，他是清代制墨天王曹素功的九世孙，制墨工艺颇得好评。咸丰十年，太平军占领徽州城，曹氏墨庄同年迁到苏州，

---

① 杜甫诗《丹青引赠曹霸将军》：
　　将军魏武之子孙，于今为庶为青门。
　　英雄割据虽已矣，文采风流今尚存。
　　学书初学卫夫人，但恨无过王右军。
　　丹青不知老将至，富贵于我如浮云。
　　开元之中常引见，承恩数上南熏殿。
　　凌烟功臣少颜色，将军下笔开生面。
　　良相头上进贤冠，猛将腰间大羽箭。
　　褒公鄂公毛发动，英姿飒爽犹酣战。
　　先帝天马玉花骢，画工如山貌不同。
　　是日牵来赤墀下，迥立阊阖生长风。
　　诏谓将军拂绢素，意匠惨淡经营中。
　　斯须九重真龙出，一洗万古凡马空。
　　玉花却在御榻上，榻上庭前屹相向。
　　至尊含笑催赐金，圉人太仆皆惆怅。
　　弟子韩干早入室，亦能画马穷殊相。
　　干惟画肉不画骨，忍使骅骝气凋丧。
　　将军画善盖有神，偶逢佳士亦写真。
　　即今漂泊干戈际，屡貌寻常行路人。
　　涂穷反遭俗眼白，世上未有如公贫。
　　但看古来盛名下，终日坎壈缠其身。

图五　好整以暇墨

正面书墨名，下方印"曹氏端友"，背面镌长矛、盾牌、头盔、交叉双笔。

长宽厚 12.3×3.1×1.3 厘米，重 66 克。

但时局仍乱，于是四年后的同治三年（公元一八六四年），也就是太平天国首都南京被攻陷那年，曹端友把墨庄再迁上海。

由这些经历来看，曹端友可能就像杨沂孙、王庆三、郭昆焘等人一样，在太平天国战乱期间制作此墨。由于他这墨不是某位文人订制的，而是供市面销售的市墨，因此猜测，他是看到许多文人对有兵器图案的墨的反应不错，才仿效推出以利抢占市场。

最后，再来看一位王善甫先生的墨（图六）。目前找到三锭，分别制造于清同治六年和七年。当时王善甫在徽州任官，虽然太平天国的战乱已大致平息，但他仍向往那种允文允武的境界。

这三锭墨主要差别在背面的图案。第一锭和前面郭昆焘墨及曹端友墨的设计同出一系，但内容更丰富：红缨长矛、盾、宝剑、弓，再加上两书箧的书，彰显出允文允武；第二锭的体形变大，图案改为有位文士在观星台上观星，另一位正拾级而上，仰望的星座像是北斗星，右上方行楷写"二十八宿罗心胸"；第三锭图案则回归传统的牡丹花伴以山石，上书"一品富贵"。

这些图案的变化，或许表达了王善甫的心境变化：随着太平天国的溃灭，他从文人想尚武，转到求胸怀韬略，再回归到还是追求富贵吧！这位南京（金陵）来的王善甫，看来多金，可惜背景资料从缺。但无论如何，想必他反映出当时文士的心声。从他之后，带有兵器图案的墨稀少，要到辛亥革命后，才再出现。而兵器图案，已不是剑矛盾弓，改为枪支刺刀了！

# 四 泛论

墨锭上面带有各式兵器的图案，凸显出清末文人的浪漫情怀，可说是

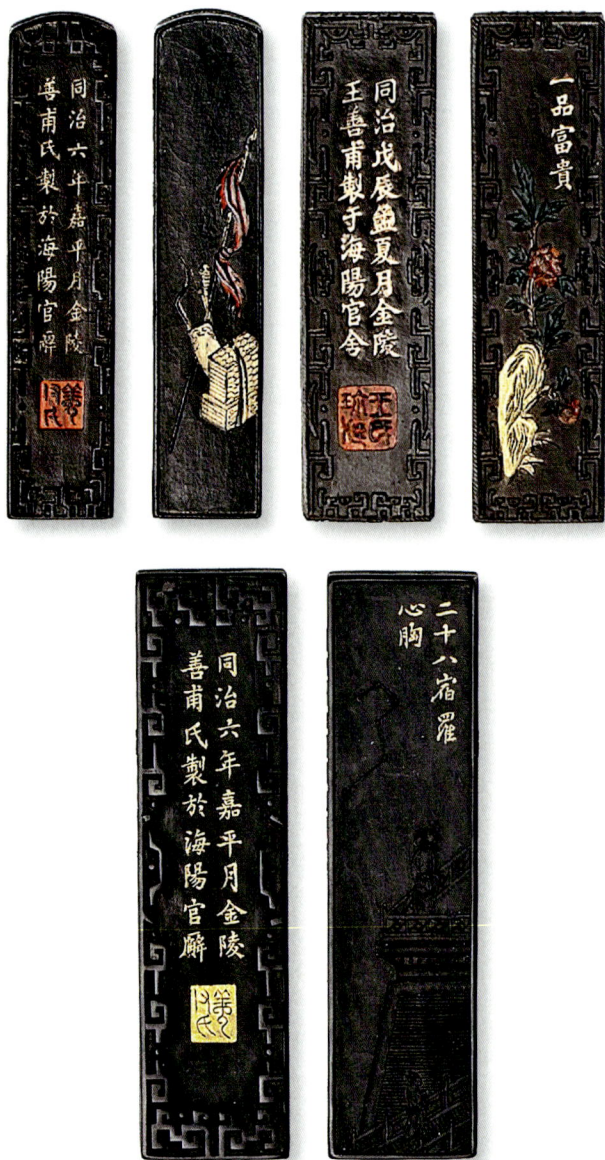

图六　王善甫墨（三锭）

上两锭墨名"同治六年嘉平月金陵善甫氏制于海阳官廨"，下锭名"同治戊辰盂夏月金陵王善甫制于海阳官舍"。嘉平月系农历十二月之别称；同治戊辰是同治七年。故下锭墨之制作较前两锭晚。

满腔热血，可惜这些没有先进宏观知识和真实本领来支撑的热血，只能撑得住战乱一时，终究无法长久。

这些长矛、宝剑、盾牌、弓箭图案虽美，却也暴露出当时文人的守旧无知。太平天国之乱比鸦片战争晚十年，洋枪洋炮的威力已不容置疑，但是属于社会精英的文人们却浑然不觉清朝已是洋人的鱼肉，还在剑矛盾弓里打转。

连身居庙堂之上的文官也是如此。他们仗着舞文弄墨，言语惊人，看不起武将，不顾军情，以为可以谈笑用兵，樯橹灰飞烟灭。只是没料到兵临城下，灰飞烟灭的却是自家。个人被革职问罪事小，误了军国大事，赔款割地，罪过才大。这种例子，晚清最多。

在铜柱墨的文章里，曾谈到胡适的父亲胡传，受到两位朝廷大员张佩纶和吴大澂的知遇之恩。这两位出身进士且担任翰林，是文人精英中的精英。他们不懂军事，与外敌交战时却都自大傲慢。张佩纶在公元一八八四年的中法福州马尾海战，吴大澂在一八九五年的中日甲午战争辽东陆战，都兵败如山倒，前者被革职发配边疆，后者被革职永不再用。吴大澂在与日军交战前，曾大言不惭发出《讨日檄文》[1]，提到他在战场设有免死牌，

---

[1] 吴大澂《讨日檄文》：

为出示晓谕事，本大臣奉命统率湘军五十余营，训练三月之久，现由山海关拔队东征。正、二两月中，必当与日本兵营决一胜负。本大臣讲求枪炮，素有准头，十五、六两年所练兵勇，均以精枪快炮为前队，堂堂之阵，正正之旗，能进不能退，能胜不能败。湘军子弟，忠义奋发，合数万人为一心。日本以久顿之兵，师老而劳，岂能当此生力军乎？

惟本大臣以仁义之师，行忠信之德，素不嗜杀人为贵。念尔日本臣民，各有父母妻子，岂愿以血肉之躯，当吾枪炮之火？迫于将令，远涉重洋，暴怀在外。值此冰天雪地之中，饥寒亦所不免。生死在呼吸之间，昼夜无休息祗候，父母悲痛而不知，妻子号泣而不闻。战胜则将之功，战败则兵之祸，拼千万人之性命，以博大岛圭介之喜快。今日本之贤大夫，未必以黩武穷兵为得计。

本大臣欲救两国人民之命，自当开诚布公，剀切晓谕：两军交战之时，凡尔日本兵官逃生无路，但见本大臣所设投诚免死牌，即交出枪刀，跪伏牌下，本大臣专派仁慈廉干人员收尔入营，一日两餐，与中国人民一律看待，亦不派做苦工，事平之后，即遣轮船送尔归国。

本大臣出此告示，天地鬼神所共鉴，决不食言，致伤阴德。若竟迷而不悟，拼死拒敌，试选精兵利器与本大臣接战三次，胜负不难立见。追至该兵三战三北之时，本大臣自有七纵七擒之法。请鉴前车，毋贻后悔，特示。"

（注：大岛圭介为甲午战时的日本驻朝公使，当时清朝舆论认为他是导致中日开战的一个阴谋家。）

日军只要交出武器趴跪在牌下投降，就可免死。事后看来格外讽刺。

## 五 小结

墨上面出现与军事相关的字眼图案，盛行于太平天国战乱的咸丰同治年间。主要原因有二：

1. 因当时该担负作战的八旗和绿营军都已腐败，使曾国藩的湘军及各地团练，都必须用文人来充实军队的骨干，这让众多的文人得以接触军事。

2. 太平天国占领南京并定都为天京后，在天京上游的安庆就成为天京的重要门户。从安庆到天京一线，可说是太平天国的命脉。而产墨的徽州，恰好扼住这条命脉的咽喉。导致曾国藩的大营，都一度设在徽州祁门。众多涉武的文人，因而有机会制墨以明志。

表面上，徽州的墨业有这些文人加持，似乎蓬勃兴盛。实际上却是受战乱影响，逼得一些墨庄如曹素功等陆续出走。根据统计，从咸丰四年（一八五四年）太平军首次进入徽州，到十年后天京被湘军攻破太平军残部经徽州逃窜，徽州的六个县，除府衙所在的歙县县城被太平军攻占过四次，其余五个县城都至少被攻占十次以上，惨不忍睹。至今在绩溪县旺川村还有太平军攻占后留下的壁画，如太平军攻城胜利图、行军图等，可供人凭吊。

最后值得一提的是，众多因太平军战乱而产生的文人弄武墨，相对衬托出"雨峰先生草檄著书之墨"的可贵。在鸦片战争时，中国面对英军攻击，能取得胜利没丢掉寸土，它可能是唯一带有"对抗帝国主义"战胜意义的墨。

小兵出身的陈阶平日后自修学文，郭昆焘没中进士却运筹帷幄，贡献都超越那些自命文武双全的翰林。只可惜在只重学历的社会，他们的事功被埋没，国家也一直积弱。那种学历至上、只重理论不重执行的心态，快淘汰它吧！

# 赏墨一二三

*Epilogue*

台北忠孝敦化商圈有家"Mosun 墨赏"新铁板料理。每次经过附近，望着它在二楼的招牌，就好奇这家店的老板怎会取这么有意味的店名？他喜欢墨吗？

这年头，有多少人会想欣赏墨？可能大多数人连墨都没见过，而生活好不容易有点空，又得花在时尚衣饰、科技新品、醇酒美食……乃至社群脸书等，哪有时间会想到墨？

不过请别这么快就放弃墨。有句俗话不是说"温故而知新"？从认识墨、熟悉墨、收集墨到赏墨，每个阶段每个过程，何尝不能让我们从古人的心血里，酝展出新的认知与启发？

再来，古墨的收藏价值越来越高，拍卖市场里的成交价扶摇直上。有套清朝乾隆御制西湖十景集锦墨，二〇〇八年以四百四十八万元人民币的高价成交。一些晚清的古墨，也动辄人民币万元以上。纵使赏墨之意不在致富，但看到自己欣赏收集的墨，兼具投资增值效果时，岂不是乐上加乐！

赏墨的门槛高吗？比起其他多被炒作的古玩，像陶瓷、玉器、佛像、古籍字画等，一般古墨的入门价算低的。说不定你家乡下老屋里都还找得到些晚清和民国时期的墨。而古墨的文化艺术内涵深厚，加上携带轻便及保养容易，能让你出差旅游时带些在身边把玩，岂不快哉？

赏墨，有以下几个面向：

# 一 认识墨

新拿到一锭墨，就像交到新朋友，想赶快认识它。墨不会说话，但它本身就透露出不少基本信息。先看以下这两锭墨（图一），出自同家墨肆，但却有不同的取向，可以用它们来开场说明。

图一 胡开文"黄海钟灵"墨、"听自然轩藏烟"墨

上墨正面写"黄海钟灵",背面浮雕云海中五座仙山,长宽厚9.1×2.0×1.0厘米,重31克。下墨正面写"听自然轩藏烟",背面楷书"徽州胡开文法制"。长宽厚14×4.1×1.5厘米,重130克。

第一锭墨的两面都有细边框，一面写"黄海钟灵"四字，周边还有回纹边饰；另一面浮雕在云海里的五座仙山，山是金色，海面深蓝。在墨的一侧有"徽州胡开文制"字样，顶端为"五石顶烟"。

由这些信息，可知这锭墨，一面是墨名，另一面的浮雕图，则与墨名相呼应。制作墨的，是徽州的胡开文墨肆。"五石顶烟"表示此墨用的材料是上好油烟。墨上没制作年份，表明是供市面贩卖之用；墨身秀气，雕刻精细，材质又好，凸显它的价格会贵些，销售对象该是文士，而非学生。

同理可知第二锭墨名为"听自然轩藏烟"，也是胡开文墨肆的出品，但在顶端没有标示烟质。细看两锭墨的光泽不同，前者墨黑亮，后者略灰淡，代表烟质不同，后者是松烟墨。在它侧边写有"光绪壬辰冬制"，说明此墨是光绪十八年（公元一八九二年）冬天所制。墨的双面雕云龙底纹，两侧隆起的粗边，篆书所写的墨名，以及硕大的墨身，无不显露它的气派和不同的属性。

事实上，这是锭文人自制墨。它是由听自然轩的主人向胡开文墨肆订制的。墨上的篆书墨名，或许出自墨主人手笔；它的造型，也可能是墨主人和墨肆商量后的设计。它非供销售，通常是墨主人用来馈赠文友，及求见官员大佬时的手信。可供文人墨客品玩的内涵，当然比前锭多。

借这两锭墨，我们可认出墨上显示的信息有：墨的名称（像墨的名字），制墨者（像墨的母亲），订制墨者（像墨的父亲），墨的制作时间（出生年月），墨的制造地（像墨的籍贯），墨的家庭背景（文人墨、市售墨……），墨的大小重量（体格），墨的体质（烟料），以及墨的装饰（衣着打扮）。是不是很有趣？

如果把这些资料建文件，再附上墨的照片，那即使没随身携带它，但借着行动装置，你随时都可以跟你的朋友——墨，展开互动。

## ⚁ 熟悉墨

认识新朋友后，想进一步交往，就得亲近熟悉他。对墨也是如此，墨在显示了它的基本信息之余，其实还有很多等待被发掘的。而我们可以像以前的中医一样，运用"望、闻、问、切"的技巧，亲近熟悉它。但因墨不会应答，于是我们把顺序改为"望、闻、切、问"，最后才进行问。

### 望

望就是仔细看。之前在认识墨时，看的是上面的文字图案。而现在则要细看墨的颜色纹理和外观。好的墨色当然要均匀够黑，如有黑中泛紫的更好；另外看墨的纹理是否细致，墨身是否坚挺，有无扭曲变形；如有进裂断面，要看内部是否光滑平整。（有的墨涂过漆，年代久会现冰裂纹，不是坏事。）

### 闻

放到鼻下闻闻看墨是否有宜人的淡淡清香？制墨的主要原料，是带有臭味的烟和易腐的动物胶，所以要加香料来掩盖中和。另为防腐、防虫、防霉等，也加些中药材，但含量必需适中，太多会降低煤与胶之成分；太少又达不到功效。好墨添加的香料通常是龙脑（冰片）和麝香，闻起来至为幽雅。

### 切

指的是用手来跟墨有肌肤之亲。包括扣墨：以手指（或硬币）轻弹墨锭，听听看声音是否清脆有金石声？沙哑发闷的品质要差些；掂墨：用手掂墨的轻重，同体积的墨来比，通常古墨较轻；抚墨：用手指在墨上抚摸游走，感觉它是否光滑细腻？质地是否坚硬？墨色脏不脏手？

# 问

虽然墨不能应答，但却有代答者。市面上谈墨的书，大致能帮人解惑，而且往往附有墨的图片，可供按图索骥参考对照。如果书上找不到呢？别急，还有网络。它可以让人上穷碧落下黄泉，古今中外绕指柔。而网络上相关墨的拍卖纪录和博客等，更提供了市场行情及与同好互动切磋的机会。

除以上步骤，还可借磨墨写字来熟悉墨。只是这会伤墨，故不推荐。

再看这锭造型引人入胜的铁饼型圆墨（图二，之前谈朱熹相关墨时曾提过）。虽然无法透过"闻"和"切"熟知它，但光是用"望"，就会有很多收获。

看不看得出来，圆形的内心分为三圈，中间以横线对开，然后从左下方开始，逆时针以怪异的书体，隔线又隔圈反复地以阳文阴文交替写上字？伤脑筋的是那些字太难懂了！对大多数人言，只有中间楷书的"叶公诏"三字明显可读。墨的另面则是还好辨认的钟鼎文"玄玉"两字。因此若有兴趣，何妨上网去用关键词：叶公诏＋玄玉，来"问"这锭墨的相关信息？

这锭墨还巧妙的在墨的粗边框上，用流动的细波浪纹和粗的云纹来对比，从而呼应内圈文字安排上所隐喻的太极阴阳的概念。它这出奇的构思，是不是柔化了内圈文字的"道貌岸然"？

此外，以墨的直径 9.5 厘米，而它的粗框达 1.8 厘米。因此框的总宽 3.6 厘米；内圆直径 5.9 厘米；墨直径 9.5 厘米所产生的比例，分别为 0.61 和 0.62，都接近完美的黄金分割比例 0.618，神不神奇？它光润的外表，闻

图二　叶公诏制玄玉墨

直径 9.5 厘米，墨厚 1 厘米，重 100 克。

之有清香。再加上制作精美古意盎然，真让人顾盼流连爱不释手！

有位古人对好墨的主张是：像漆一样黑亮，如云一般轻巧；磨出的墨汁，能表达出似清水、如山岚的意境；散发出有如美人的体香，难以隐藏；夺目的光彩，就像古美人的头发，不须清洗就光亮照人。（所贵墨者，黝如漆，轻如云，清如水，浑如岚，香如婕好之体，不玉蕴而馨，光如玄妻之发，不膏沐而鉴。）叶公诏所制作的这锭玄玉墨，应该十分接近了。


## 三 收集墨

如此般熟知许多墨之后，对墨的了解将相当深入。此时看到像前面提过的，黄海钟灵墨顶端的"五石顶烟"标记，就知道该墨是用上好的油烟，加上龙脑、麝香，或许还有金箔、珍珠粉等所制作出来的，因此这锭墨的质量和身价，当然会比其他没有标示的市售墨要来得好。

但且慢，前面提到的听自然轩藏烟墨，和叶公诏玄玉墨上，都没有这样的质量标记，是代表它们的质量就差些？再来，若想在墨上加任何标记，只要在制墨的墨模上动点手脚就行了。因此，有没有黑心的制墨者，会想如此来赚钱？还有，黄海钟灵墨和玄玉墨上都没写制作年份信息，有没有办法推知？听自然轩藏烟墨侧边有"光绪壬辰冬制"，是否真是那年制的？

恭喜！当你会问出这一串时，就表示你已升格到赏墨的另一阶段。这时想必你已读过多本谈墨的书[1]，也欣赏把玩过许多类的墨，如御墨、贡墨、文人墨、市售墨、礼品墨、套墨、药墨、朱砂墨、纪念墨等；明清有名墨肆如程君房、方于鲁、曹素功、汪近圣、汪节庵、胡开文等，更是你在网络搜寻的常用字。于是你虽不至于把生活费拿去买墨，但每逢有闲，

---

[1] 坊间买得到的赏墨书籍有尹润生、周绍良、王毅、王丽阎、赵正范、孟滢、李正平等人的作品。

图三　程君房寥天一墨、方于鲁九子墨

上墨正面写"寥天一"，左下"程大约印"；两侧分写"万历甲午年"与"程君房制"。

长宽厚9×3×1.1厘米，重48克。

下墨各面为大龙带九条小龙的图案，正面写"九子"，背面写"壬午年海阳／方于鲁珍藏"，

长宽厚13.2×4.4×1.3厘米，重112克。

脚步总不由自主地往文物市场去。看到没有的墨，买？还是不买？

图三里的两锭墨，一小一大，都是规矩的扁长方形。仔细看，第一锭墨的正背面和侧边，用从一株牡丹上绽开的三朵牡丹花及绿叶来装饰。墨面上有"寥天一"三字，两侧边则是制作年份与制作者的名字。可能因制作时的墨模已旧，有些字模糊不清，墨面也有些不平整。

第二锭墨在墨的前后左右上下各面，布建了大龙带着九条小龙的图案，因此墨的一面写"九子"，另一面写"壬午年海阳／方于鲁珍藏"（应该是指万历十年，即一五八二年）。十条龙都涂金画彩，大龙五爪，小龙四爪，追逐嬉戏生动有趣。它是祝贺早生贵子的礼品墨。只是也像上一锭，因墨模久用，使墨面不够平整光滑，此外，墨质看起来也较差些。

程、方这两位明朝万历年间的制墨家，曾是主客关系，又像师徒，最后竟演变成仇人，但都制墨精妙绝伦，流芳百世。只是他们留存下来的墨非常少，怎么可能出现在这儿？书上说他们的墨，在当时就被仿制，因此市面上的，百分之九十九点九不是出自本尊。然而即使是清朝到民国初年的仿品，现在也有上百年的历史，值得买。只是，怎么晓得它不是近代仿制的？

想先回家去做足了功课再决定，但古玩市场不是自家开的，谁敢保证回来时不会被人捷足先登？于是拿着墨望闻切问，心中自问自答：这墨并不常见，有点古气息，又没明显的破绽如简体字、横写由左到右、奇怪的标志等。既然手边没有，价钱又还好，一咬牙，先买先赢。

## 四 赏玩墨

坐拥许多藏墨，乐趣绝对不亚于坐拥书城。可知道，连大文豪苏东坡也是爱墨人。他曾说自己有七十锭好墨，但还是想再拥有更多（吾有佳墨七十丸，而犹求取不已，不近愚耶？），又说自己有几百锭墨，有空就拿来试用（余蓄墨数百挺，暇日辄出品试之……），可见他是不断在蓄积墨。只是古人多半为了书法和绘画而拥墨。现代收集墨的人，掺杂了怀旧、访古、怡情、风雅、益智、炫耀、投资等因素。把墨拿来用，太可惜了！

撇开世俗实用的因素不谈，墨的艺术欣赏价值，现已逐渐被肯定。因为在墨上，往往出现书法、绘画、雕刻、图案、玺印、设计、工艺等可观可品之处，并蕴含丰富的人文意象。多看几锭，有助了解。

像这锭八边葵瓣造型的墨（图四），有别于常见的圆形，显得婉转妩媚。精细雕刻人物园景的那一面，以涂金来彰显其高贵；另一面则上漆，并刻写李白的《与韩荆州书》起首一段。整锭墨华丽高贵，符合好墨的要求，制墨者是程正路，在拍卖市场也曾高价售出过。

仔细欣赏它，是不是包含了众多艺术组件和人文意涵？若再追寻程正路，会发现这位制墨家也大有可赞之处喔！他是徽州人，颇有才华，跟《红楼梦》作者曹雪芹的祖父曹寅有交情，曾经在湖北黄陂当过县丞（类似副县长）的基层官员。制作这墨，或许在暗喻自己像李白一样怀才不遇，而渴望有如同韩荆州一样的伯乐来赏赐、提拔吧？！

再看这套贵气逼人的南宫池水雪金朱砂墨，一套八锭（图五），都是规矩的长方形。八锭墨虽有相同主题，但用多样的书法、雕刻、设计、纹饰加以铺陈，因此丝毫不显单调，足见制墨的用心巧思。制墨家是徽州的汪近圣。每锭墨的顶端，标有"贡品"两字，代表墨的质地好，可用来进贡。每锭墨都盖有"尒"（尔的古字）跟"臧"两字分开或合并的印章，"尒臧"，是汪近圣的长子汪尒臧，家学渊源，他也成为名制墨家。

墨上提到的易水法，是指从南北朝以降，在河北易水流域的居民经历长期的制墨，所摸索归纳出的制墨法。后因战乱，易水人南迁到徽州，易水法也就在徽州落地生根，成为徽墨的滥觞。

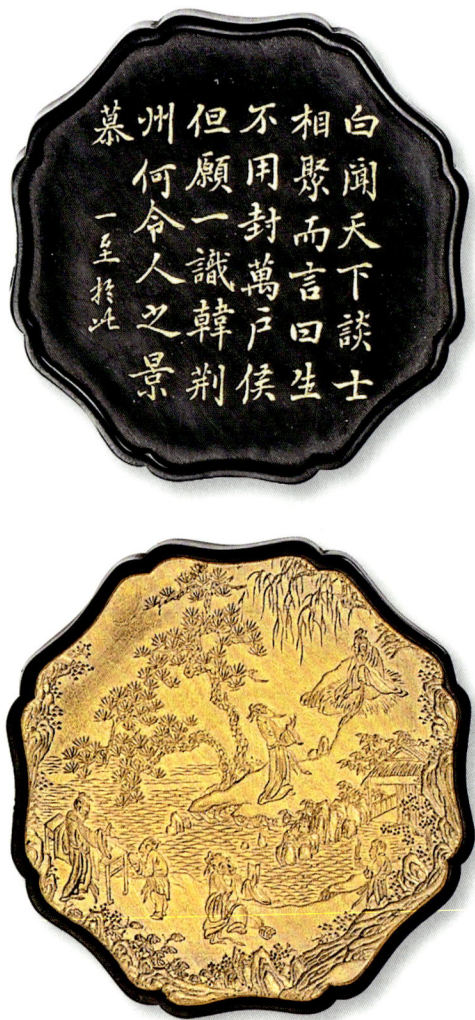

图四　程正路制与韩荆州书墨

正面楷书"白闻天下谈士相聚而言曰生不用封万户侯但愿一识韩荆州何令人之景慕一至于此"；背面镂郊野
游人图，涂金。墨两侧分写"康熙乙亥""程正路造"。直径10厘米，厚1.6厘米，重144克。

图五　汪近圣制南宫池水朱砂套墨

左一到左四为一类，上写"徽城汪近圣法制"或"汪近圣按易水法制"，下镂背景及姿态各异的四爪神龙，
另面描金写"南宫池水"。右一到右四为另一类。四锭的一面有细框，内镂全幅背景和形态互异的飞龙，另
面描金"南宫池水"，写法各异，下款落"徽城汪近圣制"或"汪近圣制"。

长宽厚7.8×2×1厘米，重62克。

# 五 善待墨

墨的历史虽然久远，产量也大，但能保存下来的古墨却不多。主要是因以前它是种日用的消耗品。其次，只要有墨模，就能做出形体相同的墨。因此在古代还没"限量版"观念的情况下，要想收藏墨的动机就会小得多。

再来，墨的保存多少有点难。古墨的重要成分为动物胶，在潮湿或干燥的气候里会变质会挥发，年久了会长霉、会失胶、会断裂。这些将导致墨退去光泽、丧失价值。因此，赏墨者必须善待墨，好延续它的生命和价值。

善待墨的功夫不难，首要是避免不好的环境如：潮湿、空污、虫蛀、阳光直射、密不透风等。因此在获得墨后，先以毛刷干布擦拭清洁，然后用棉纸包起来放在盒子（专用的盒子最好）里，放进有空调的空间。如果不是时常加以赏玩的，要每隔几个月打开包装让墨透透风，见见世面。若发现它长霉或失去光泽，可用柔软毛刷轻轻把它刷干净，再用清洁的细纹布擦拭。如果墨弯曲不平了，可在包好的状态下，上面放几本重的书本轻压，每隔几天加重一些，久之它就会回复平整。

曾看到把墨用塑料袋层层包好，防止潮湿的建议。这在短时间内可以，久了若忘记打开，在长期缺氧的情况下，会导致墨里面有机的生物胶变化，使得墨容易有长霉、纹裂、黑斑、弯曲等现象。若要如此做，应在包装时写下时间，隔两个月就打开透透风，让有机的胶呼吸呼吸。

古代的人曾用豹皮做的袋子来保存墨，以防潮湿。宋朝的大书法家蔡襄就曾如此做，所以有墨名叫"豹囊幽赏"（为什么是豹皮，而非牛皮、羊皮，甚至虎皮等，不得而知）；也有人把墨藏进石匣，并在匣上雕刻莲花，所以又有墨名"石莲秘室"；到了明清，主要是用漆盒、木盒、锦盒、布盒等，来存放品级不同的墨。时至今日，大都用纸盒乃至塑料盒，真是每况愈下。图六名为"豹囊合璧"的墨，是清朝康熙年间徽州休宁人程次张所

图六　程次张豹囊合璧墨

两面有粗框，分写"豹囊合璧""程次张氏珍藏"。长宽厚 9.7×2.3×1 厘米，重 32 克。

制，欣赏之余，或可感受到有心人对墨的珍惜。

# ⚅ 小结：分享墨

多年前有首歌叫"分享"，伍思凯唱红的，流行一时。歌词里有段：

> 与你分享的快乐／胜过独自拥有／至今我仍深深感动／好友如同一扇窗／能让视野不同／与你分享的快乐／胜过独自拥有／至今我仍深深感动／好友如同一扇门／让世界（变）开阔

所以，在得到好墨之后，若能查到跟它相关的有趣信息，或是被它激发出遐想创意，甚至进一步被它引出对人生的领悟，在它陪伴下悠然乐活，当赏墨自得之余，别忘了——分享。借着分享从墨上吸取到的感受，让世界变开阔，这会是赏墨的更高境界。

**版权所有　不得翻印**

版权合同登记号：图字：30-2016-108 号

　　图书在版编目（CIP）数据

　　墨客列传 / 黄台阳著 . —— 海口：海南出版社，2017.5

　　ISBN 978-7-5443-7079-0

　　Ⅰ . ①墨… Ⅱ . ①黄… Ⅲ . ①墨 – 文化 – 中国 Ⅳ . ① K875.4

　　中国版本图书馆 CIP 数据核字 (2017) 第 011321 号

## 墨客列传

作　　　者：黄台阳
监　　　制：冉子健
责任编辑：孙　芳
策划编辑：王叵咄
责任印制：杨　程
印刷装订：北京盛彩捷印刷有限公司
读者服务：蔡爱霞
海南出版社　出版发行
地址：海口市金盘开发区建设三横路 2 号
邮编：570216
电话：0898-66830929
E-mail：hnbook@263.net
经销：全国新华书店经销
出版日期：2017 年 5 月第 1 版　2017 年 5 月第 1 次印刷
开　　本：787mm × 1092mm　1/16
印　　张：14.5
字　　数：193 千
书　　号：ISBN 978-7-5443-7079-0
定　　价：88.00 元